Les

Ex-Libris

IMPRIMÉ A SEPT CENT CINQUANTE EXEMPLAIRES

Savoir :

20 exemplaires sur Japon . . . . . . Nᵒˢ 1 à 20
20 exemplaires sur Chine . . . . . . — 21 à 40
20 exemplaires sur Whatman . . . . — 41 à 60
40 exemplaires sur Vergé . . . . . . — 61 à 100
650 exemplaires sur Vélin teinté . . — 101 à 750

HENRI BOUCHOT

Les

EX-LIBRIS

ET LES
Marques de possession
du Livre

Projet d'Ex-Libris dessiné par H. Scott.

La vignette qui se trouve à la page suivante
doit être jointe au volume

Les Ex-Libris

et être placée immédiatement après le titre.

LES

Ex-Libris

ET

Les Marques de Possession du Livre

PAR

HENRI BOUCHOT

DU CABINET DES ESTAMPES

PARIS

Bibliothèque des Connaissances utiles aux Amis des Livres

ÉDOUARD ROUVEYRE, ÉDITEUR

MDCCCXCI

Cestuy Livre est a moy Claude Thiery ymagineur moult hault et puissant Seigneur Monseigneur Francois Joseph empereur.

Bien ie a Ceulx que pieu devotis a Cestuy Livre leur plaise benignemet ce garder les regier ? Je prie Monseigneur Thesu + et sa benoiste Mere dont tout confort et Avancemt vienent Ainsi vous doing ? Longes Jours Saigesse et Vertuz en ce siecle et Paradiz en Paultre ? Amen

Ex-libris Romantique de Claude Thiéry,
dessinateur de l'Empereur François-Joseph.
(Voir page 68)

PHYSIONOMIE D'UN EX-LIBRIS

Au strict point de vue de la bibliographie savante, la passion nouvelle pour les ex-libris est déplorable. Elle est ce que serait, au regard des vieilles chartes scellées, la manie d'arracher les sceaux ; elle enlève à quantité de livres un état civil régulier, amusant à suivre, et en fait des bouquins quelconques sans valeur. Je ne voudrais pas assimiler le collectionneur d'ex-libris à Henri III, ce malfaisant oisif dont on nous apprend qu'il découpait soigneusement les incomparables miniatures de ses manuscrits pour les coller sur des albums. Mais il y a bien un peu de barbarie à réunir ces feuilles, détournées de leur place ancienne ; leur valeur de circonstance se perd, elles deviennent de petites estampes, quelquefois jolies, le plus souvent insignifiantes, qui ne parlent plus la même langue qu'auparavant et ne comptent que pour elles-mêmes lorsqu'elles comptent.

Sans doute il y a pour l'historien une curiosité à rencontrer en bloc, sans les aller quérir partout, ces manifestations d'avarice bibliophile. L'ex-libris est la marque la plus vieille de l'amour sincère des hommes pour leur bien littéraire ; et ce ne serait pas la moins curieuse étude que de chercher dans ces papiers légers et de mince valeur intrinsèque la singulière alarme, en faveur de leur bibliothèque, de personnages insouciants et sceptiques sur d'autres faits. Mais il y a tout aussi bien la constatation inattendue de choses plus humaines encore. On a dit du style qu'il était l'homme même ; plus que le style, l'ex-libris nous peint le propriétaire de livres, tour à tour pédant, solennel, sot, vaniteux, économe, soigné, gai ou triste, vieux ou jeune, chaste ou libertin. A ce compte, ces feuillets valent mieux qu'on ne vou-

drait croire à première vue. Classés méthodique-
ment, par époques, ils donnent très exactement
la physionomie du temps auquel ils appartien-
nent, et, tout en gardant des éléments de res-
semblance, se différencient entre eux suivant la
loi ordinaire des individus. Ils sont comme des
gens du dix-septième siècle, tous pareillement
perruqués, et dès l'abord très pareils, qui se
séparent à l'examen et deviennent eux-mêmes.
Un original du dernier siècle disait : « M. de F...
a une bien curieuse et particulière marque pour
ses livres, il doit avoir le nez camus ! » Peut-être
exagérait-il l'induction possible, mais s'il se fût
contenté de le présumer niais, il ne se fût point
égaré de beaucoup.

Les ex-libris ne sauraient jamais s'élever plus
haut que cette curiosité un peu superficielle. On
a voulu, pour excuser l'engouement qu'ils font
naître, et pour colorer d'un beau zèle leur désaf-
fection, les présenter comme une source historique incontestable, au même titre que les
images populaires ou les estampes contempo-
raines d'un fait. Il y en a ceci une large part
d'agrandissement, si je puis ainsi dire. Tout au
plus serviraient-ils à noter le goût d'une époque,

les tendances morales de l'individu, l'orgueil
des classes ; mais pour l'histoire ils ne sont que
d'un secours modeste. Aussi bien, ici comme en
tout, la mode a été maîtresse ; elle s'est imposée
à l'ex-libris, révérence gardée, comme aux arts
plus graves. Il fut de règle autrefois de graver
des armes sur ces marques ; ceux qui n'en avaient
pas ne s'embarrassaient point de si peu et s'en
forgeaient qui n'étaient ni les moins prétentieuses, ni les moins encombrantes. Et ces casques de chevalier, ces lambrequins de tournoi,
ces couronnes de comte ou de marquis timbrant
des écussons mirifiques, ne jugez pas que tous
ceux qui s'en paraient à l'origine fussent en droit
de le faire. La mode voulait qu'on en portât,
fût-on avocat, petit juge provincial ou simplement procureur de bailliage, et on en portait,
coûte que coûte. Alexandre Bouchart, sieur de
Blosseville, conseiller au parlement de Normandie, n'était point certes le premier robin
venu. Daniel Dumonstier, le crayonneur, l'avait
admis à ses poses et en avait dessiné un portrait
superbe, depuis gravé par Léonard Gaultier en
1643. Mais si vous mettez les armes gravées sur
l'ex-libris de ce personnage en parallèle avec

celles des grands seigneurs, il vous faudra conve-
nir que le conseiller ne fait pas mauvaise figure.
Un écu magnifique, portant un lion rampant
et une étoile, timbré d'un heaume de gendarme,
accosté de deux angelots nus, le tout d'une
taille et d'une ampleur majestueuses ; une gravure
soignée, travaillée ; tout décèle le puissant gen-
tilhomme, et sauf les ordres du roi par malheur
absents, quelque pair du royaume. Une fois ren-
seigné, on est tenté de dire comme François Iᵉʳ :
« Ce n'estoit doncques que... Semblançay ! » alors
que sous l'habit il avait pensé rencontrer un autre
seigneur d'importance.

C'est donc la mode, la mode toute seule, que
les ex-libris nous enseigneront à leurs débuts, et
si l'on veut, l'histoire dénaturée par elle. Il y
avait d'ailleurs en France ce fait notable et qu'on
ne souligne pas assez, que les gentilshommes
amoureux de reliures dédaignaient l'ex-libris.
Leur signature de propriétaire s'étalait en or ou en
bleu au plat de leurs livres, leur monogramme
se lisait sur le dos. Nous reviendrons sur ce point
dans le courant de notre étude, et nous montre-
rons que l'estampille gravée naquit en Allemagne,
précisément dans la région d'Europe où ces

reliures étaient le plus banales. Chez nous, ce furent les très modestes bibliophiles, ou peut-être ceux qui avaient des ouvrages pour les lire et non pour les montrer, qui employèrent les premiers ex-libris. Ils rachetèrent l'infériorité des reliures par le luxe de leurs armoiries. Beaucoup de ces pièces, gravées par Léonard Gaultier, Briot et autres, passent aujourd'hui pour de simples blasons détachés, qui servaient probablement à coller au plat verso des volumes.

Pour parler au sens général, l'ex-libris n'a donc qu'une valeur historique secondaire ; il ne vaut que pour la constatation plus bornée d'un engouement, d'un état d'esprit qui n'a fait que grandir depuis le seizième siècle. Il tient par plus d'un point au développement des prétentions héraldiques en France, au déplacement, puis-je dire. Il a favorisé les usurpations d'armoiries, aidé puissamment à la diffusion de la noblesse tard venue. Sous couleur de noter sa propriété littéraire, toute une classe bourgeoise s'est élevée d'un cran, s'est avisée de calembours singuliers dans la composition de ses armes. Les armes parlantes ! c'est dans l'ex-libris qu'elles règnent en souveraines, et plus tard d'Hozier les consacrera

moyennant finance, de par un édit royal. Voilà
la plus sérieuse relation de l'ex-libris avec la
marche de notre société française au dix-septième et au dix-huitième siècle, et je puis ajouter
le seul point par lequel il touche à l'histoire gé-
nérale.

Mais s'il a eu quelque importance au point de
vue moral et psychologique, il a sur le côté ma-
tériel de son exécution subi l'action des milieux.
Il n'est pas en France ce qu'il est en Angleterre
au même temps, et pour la France seulement il
change avec la mode. Tout ainsi que le livre,
nous le trouvons un peu guindé et précieux sous
Louis XIII, pompeux et solennel avec Louis XIV,
coquet et distingué au dix-huitième siècle. A la
Révolution il a du civisme, de la simplicité, il
fait bon compte des armoiries. L'Empire le retrouve affublé de plumes, de toques, de manteaux
princiers. Et quand la Restauration a passé, que
la nouvelle monarchie s'oriente, il s'est laissé
aller aux luttes littéraires ; il est plus volontiers
classique ou romantique, suivant le cas, toujours
un peu féru d'aristocratie, jusqu'à nous où sa
volonté seule le guide, où, depuis la gravure banale et trop chargée des héraldistes de métier

jusqu'à la plus légère et incroyable fantaisie, il touche à tout, s'accommode de tout, invente ou copie, rit ou pleure à son gré.

Lorsqu'on feuillette à la Bibliothèque nationale les cinquante ou soixante volumes d'ex-libris, classés alphabétiquement, on a l'impression singulière de visiter les tombes d'un cimetière. Rapprochés entre eux par les hasards de l'alphabet, ils offrent l'imprévu de ces monuments funèbres où les choses les plus folles côtoient les plus tristes. Vous savez ce que sont certaines épitaphes, risibles, hélas! par leur sérieux même ; les ex-libris ont cela. On y trouve les concessions à perpétuité, comme la marque de Birmingham gravée par Ingram ; des manières de tombe d'Héloïse et d'Abeilard, comme l'ex-libris d'Édouard Böcking de Bonn. Et les inscriptions prétentieuses, les devises ampoulées, peu sincères, les têtes de mort des penseurs, les chouettes des philosophes, les squelettes des désabusés! Il y a les ruines, les colonnes brisées, les monuments détruits, les bustes, les portraits, les couronnes funéraires. Au milieu, les blasons des puissants du monde, rarement des gaietés, comme si la passion du livre poussait à la tristesse. Ceux qui

veulent rire grimacent souvent, et leurs devises
ont encore quelque parfum de ci-gît : *Memento
mori.* — *Dum spiro spero.* — Si peu vaut le
monde !

C'est que, collés aux livres, les ex-libris sont
vivants, et que, réunis en tas, ils sont morts.

II

ANCIENNES MARQUES DE POSSESSION
LES EX-LIBRIS INCUNABLES

Notre intention n'est pas de parler longuement
des anciennes marques de possession des manuscrits. Aux temps héroïques, quand les bibliothèques se formaient lentement de volumes écrits à
la main et enluminés, ils avaient pour ainsi dire
la personnalité unique d'un être vivant. Leur
propriétaire était connu, et il eût été aussi difficile de lui dérober et de chercher à vendre une
part de son trésor, qu'aujourd'hui de voler l'*An-
tiope* du Corrège et de l'offrir aux amateurs. A cette
époque, les notules de possession étaient rares,
et s'inscrivaient simplement à la garde du livre,
sans aucune prétention. Les formules en latin,
d'ailleurs très faciles à gratter, ne comptaient

pas pour grand'chose. Ce ne fut guère que dans
le courant du quinzième siècle que les riches
seigneurs ou les princes prodiguèrent leurs devises, leurs initiales ou leurs emblèmes dans les
lettrines ornées, ex-libris indélébiles, impossibles
à faire disparaître et qui nommaient le maître à
chaque feuillet. Il nous suffira de rappeler les
merveilleux manuscrits du duc de Berry en ce
genre, les *Heures* d'Étienne Chevalier, peintes par
Fouquet, où les initiales E reliées entre elles par
des banderoles, apparaissent en tous endroits ; le
manuscrit de *Josèphe*, enluminé par le même
artiste pour un d'Armagnac et depuis passé à un
duc de Bourbon qui substitua ses armes aux anciennes. Ces motifs d'ornement avaient donc un
autre but que celui de varier la décoration des
pages, ils étaient de véritables ex-libris répétés,
la constatation multiple de la propriété, et il n'est
point rare de retrouver des travaux de ce genre,
successivement marqués de quatre ou cinq blasons différents, au hasard des héritages ou des
ventes.

Quand l'imprimerie s'en vint, à la fin du quinzième siècle, démocratiser un peu la passion des
livres et révolutionner la bibliophilie, les riches

amateurs inventèrent autre chose pour assurer et
déterminer leur bien. Les bibliothèques n'étaient
pas comme aujourd'hui formées de rayons super-
posés où les livres se rangent debout et ne montrent que leur dos. C'étaient, autour des cabinets de
travail, des pupitres longs, sur lesquels l'ouvrage
se mettait à plat, offrant aux yeux le volet recto
de sa reliure. L'idée de décorer magnifiquement
cette partie exposée vint aux Italiens d'assez
bonne heure, et d'eux passa aux Français, qui
furent tantôt des maîtres dans le genre. La subs-
titution des armes personnelles, des devises, des
monogrammes formés de lettres entrelacées,
aux rinceaux, aux fleurs, à l'économie banale des
primitives reliures, se produisit en très peu d'années. De l'intérieur, la marque de possession
passait à l'extérieur et s'imposait. L'ex-libris
ainsi compris est une fortune inespérée ; il con-
tribua à former un art inimitable où s'essayèrent
des hommes comme Geoffroy Tory et Roffet, et qui
trouva des amateurs tels que Grollier, François Ier,
en France, Maioli, en Italie, pour le comprendre
et le lancer. Tout fut bon à ces artistes pour
grandir leur œuvre. Mariant aux entrelacs savants
les lettres des titres, le nom du possesseur, les

emblèmes ou les devises, ils réalisèrent l'idéal
de la décoration spirituelle, en précisant scrupu-
leusement les droits du maître. Par une coquetterie raffinée, mais qu'il ne faudrait pas entendre
au sens strict, Maioli et Grollier joignaient à leur
nom tous leurs amis dans leur attestation de
propriété. *Io. Grollerii et amicorum*, disaient
les légendes ; mais ces privilégiés ne devaient
point avoir la libre disposition du trésor. S'ils en
voulaient profiter, ils le devaient faire sur place,
après un repas copieux. Geoffroy Tory lui-même
a pris soin de nous renseigner sur ce point dans
son *Champfleury*.

Cette mode nouvelle devait retarder longtemps
chez nous l'apparition de l'ex-libris tel que nous
le comprenons aujourd'hui, c'est-à-dire un feuillet
léger imprimé en taille douce ou en relief et destiné à être collé au plat verso d'un livre. Les
grands collectionneurs français du seizième siècle,
encore qu'ils eussent adopté la manière actuelle
de ranger leurs livres sur des rayons, n'aban-
donnaient point pour cela la décoration historiée
des plats. Ils avaient ajouté seulement et perfec-
tionné la dorure des tranches et l'illustration des
entrenervures. Leurs monogrammes, composés

de lettres liées et entortillées, s'accommodaient
très bien des étroits espaces réservés entre les
nerfs ; c'était encore une façon de se nommer
et de se dire possesseur. Au contraire, en Allemagne, où l'art de la reliure se cantonnait, sauf
de rares exceptions, dans un style lourd et sans
grâce, particulièrement banal et impersonnel, le
besoin s'imposa de donner un titre de propriété
qui pût remplacer les signes extérieurs. Le plus
ancien ex-libris daté et identifié est attribué à un
grand maître, à Albert Dürer, qui ne dédaignait
pas ces modestes besognes d'armoiries. Cet ex-
libris était destiné à Bilibald Pirckheimer, et la
formule polie de Grollier en faveur de ses amis
s'y trouve reproduite. *Sibi et amicis.* « A lui et
à ses intimes. »

Une pure raison d'économie donna donc naissance à l'ex-libris allemand. Chez nous l'idée
fut longue à prendre. Tous les collectionneurs
sérieux du seizième siècle continuèrent à se
nommer sur leurs riches reliures, ou bien à y
inscrire leurs armes et leurs monogrammes. Et
quand, vers le milieu du dix-septième siècle,
l'usage allemand se sera intronisé en France, il
rencontrera des dédaigneux chez les princes et

3

les grands seigneurs, qui continueront l'art précieux des anciens et vivront à l'antique manière. Certains même, comme Alexandre Pétau, emploieront les deux façons concurrentes ; à l'extérieur un monogramme et un écusson, à l'intérieur un ex-libris gravé, collé au verso du plat et faisant double emploi. Sous le règne de Louis XIV, je n'aurais que l'embarras du choix à nommer les tenants du vieux système, et sans m'arrêter aux princes, je pourrais citer, après Pétau, Colbert, Marie Le Jars de Gournay, dont le monogramme se voit sur un exemplaire des *Essais* de Montaigne, à la Bibliothèque de Bordeaux ; l'abbé Cottin, la victime de Boileau ; Baillon de Morangis, Mme de Gondrin, née Rochechouart de Mortemart ; P.-H. de Beauvilliers, et plus tard encore dans le dix-huitième siècle, le bâtard d'Orléans Saint-Albin, Jérôme Bignon, cent autres enfin, dont l'énumération paraîtrait oiseuse. Je ne parle pas de nos jours. Nous sommes d'instinct retournés à ces choses jolies, mais la chaîne avait été rompue pour les amateurs ordinaires, entre Louis XVI et les bibliophiles d'à présent.

Sauf preuve nouvelle et contredisante, ce que

nous appelons maintenant l'ex-libris et que les Anglais nomment *Book-plate*, la petite étiquette historiée destinée à marquer le passage d'un livre entre les mains d'un amateur, l'ex-libris est né à Nuremberg, aux environs de l'année 1511, à l'époque précise où Maioli, Grollier et Geoffroy Tory consacraient un autre genre. J'ai dit que la marque de Pirckheimer, vraisemblablement la première en date, était attribuée à Dürer. Certains critiques la prétendent simplement inspirée du maître et gravée sur bois par un de ses élèves. C'est une estampe couverte d'ornements, représentant deux génies ailés portant des écussons ; le premier chargé d'un arbre arraché, l'autre d'une sirène à double queue et couronnée à la royale. Des feuillages, des amours, des cornes d'abondance complètent « l'histoire ». En haut de la planche, un verset des psaumes en hébreu, en grec et en latin : *Initium sapientiæ timor Domini*. Au milieu, de chaque côté du heaume chevaleresque timbrant les écus, la formule obligée : *Sibi et amicis*. Et au bas, la constatation péremptoire de l'ex-libris : *Liber Bilibaldi Pirck-heimer*.

Pour expliquer cette apparition brusque, sans

précédent, il faut se reporter aux marques de
libraires, alors partout répandues, en France
plus qu'en Allemagne peut-être, et qui durent
suggérer l'idée de cette innovation. Il y a une
connexité singulière entre l'œuvre de Dürer et
les signatures historiées de Guyot Marchant, de
Pigouchet et de leurs confrères, sans parler des
maîtres germains. L'influence de ces œuvres sur
l'invention des ex-libris n'est guère douteuse.
Même façon de comprendre un sujet, de l'enfermer dans un petit espace, de l'illustrer de figures
et de blasons. La tentative de Dürer ne dut point
être isolée, peut-être eut-elle même chez nous
des adeptes que leur obscurité a fait mécon-
naître. Pirckheimer doit à son artiste d'être
venu jusqu'à notre temps, malgré l'ignorance où
nous sommes de ses mérites d'amateur, sinon
de sa valeur littéraire *.

* En dépit de sa grande renommée en Allemagne au temps
d'Albert Dürer, Bilibald Pirckheimer est un peu un inconnu
pour nous. On le nommait alors le Xénophon nurembergeois, à
cause de son double mérite de soldat et d'écrivain. Il était né
à Nuremberg en 1470, et mourut en 1530. Sa bibliothèque,
qu'on dit considérable, passa dans la suite au comte d'Arundel,
et après 1681 fut léguée avec les autres collections du comte à
la Société royale de Londres. Ce fut sur ses conseils que Dürer
composa le *Triomphe de l'empereur Maximilien*, son chef-

DEVS REFVGIVM MEVM
1516
LIBER HIERONIMI EBNER

Ex-libris de Jérôme Ebner, daté de 1516.

3.

En 1516, Albert Dürer, ou l'un de ses plus
habiles imitateurs, donnait un second ex-libris,
celui de Jérôme Ebner, conçu dans les mêmes
données que le précédent, avec les enfançons
tenant des écus timbrés chacun d'un casque à
proboscide, et environnés de cornes d'abondance
relevées. En tête, la devise : *Deus refugium
meum*. Au dessous : *Liber Hieronimi Ebner**. La
mode prenait de ces estampes de possession, et
si l'on parvenait à déterminer et à dater plusieurs
autres travaux anonymes de la même école, nul
doute qu'on en puisse faire de pareils ex-libris. En
feuilletant l'œuvre des petits maîtres allemands
d'alors, on est surpris du grand nombre d'armoi-

d'œuvre. Parmi les ouvrages composés par Pirckheimer, il faut
citer en première ligne *Opera politica*, publiées en 1610 par
Melchior Goldast, avec plusieurs planches d'Albert Dürer, entre
autres le *Triomphe de Maximilien*.

* Jérome Ebner était aussi né à Nuremberg en 1477, et
comme Pirckheimer, parvint aux plus hautes charges dans son
pays. Il fut duumvir, et on frappa de lui une médaille assez
belle, qui portait au verso les armes et la devise de son ex-
libris. Il se lia avec Mélanchton, qui fut protecteur de son fils
Erasme Ebner. Cette famille patricienne s'est continuée jusqu'à
nous. Au dix-huitième siècle, Jérome-Guillaume Ebner nommé
administrateur de Nuremberg possédait une bibliothèque renommée. Les Ebner étaient alors de gros personnages maintes
fois portraiturés par leurs contemporains, et très curieux de
beaux-arts et de littérature.

ries finement gravées où leur verve s'égaye. Sans
compter la marque du prévôt de Saint-Laurent,
Hector Pœmer (1525), aussi attribuée à Dürer,
celles d'Antoine, évêque de Philadelphie, de
Juste Siring (1539), de l'évêque de Vienne, Jean
Faber (1540), on rencontre, parmi les estampes
de Hans Sebald Beham, deux ou trois pièces très
habiles, dont la destination paraît indiscutable.
Je le sais, Beham était un irrégulier, un mo-
queur, et dès l'abord ses productions paraissent
des charges d'atelier, témoin la marque blason-
née où le propriétaire est qualifié de « seigneur
par la grâce de Dieu on ne sait de quel endroit,
et demeurant au village proche » (1544). Mais
il avait inventé pour Albert de Brandebourg, le
cardinal, un maître gaillard qui ne riait pas tous
les jours, un écusson avec huit lignes de titres
sonores, qui devait être un ex-libris. Pour lui-
même le fécond artiste avait dessiné au burin,
sur une planche octogonale, une sorte de marque,
portant un écu de chevalerie, un heaume de
guerrier, des lambrequins et tout ce qui s'ensuit,
avec la légende mise autour : *Seboldt Beham
von Nürnberg maler, iecz wonhafter Burger zu
Francfurt*. Je n'imagine pas que Beham, plus

occupé de widercomes que de livres, se fût ainsi
taillé un ex-libris, mais n'était-ce point une manière à lui de signer ses œuvres, en collant derrière cette « wappen » d'identité?

Et tandis que les travaux de ce genre se multi-
pliaient au-delà du Rhin, et commençaient à
s'employer couramment, la France demeurait
rebelle. Les Allemands comptaient plus d'une
trentaine d'ex-libris authentiques, datés ou non,
composés et gravés par des artistes de profession,
Albert Dürer, Beham, Virgile Solis (celui-ci
avait donné la marque d'André Imhoff en 1555),
que pas un de nos artisans spéciaux du livre ne
s'était avisé de les suivre. Les Italiens même,
si curieux des choses d'impression, ne paraissaient point non plus très entraînés. J'en ai
cherché la raison dans la préoccupation de
vouloir mieux pour leurs volumes que ces chiffons de papier, facilement enlevés, et qui par-
laient moins bien à l'œil. Le fait est qu'il faut
aller jusqu'à la fin du règne de Charles IX pour
rencontrer en France un ex-libris indiscutable,
un ex-libris daté, encore qu'il ne soit ni historié
ni illustré, mais une très simple étiquette impri-
mée, la marque de Charles d'Alboise, d'Autun

(1574)*. Il faut croire pourtant que cette tentative n'était pas la première. Il y a dans nos anciens recueils d'estampes des quantités de blasons du seizième siècle, très français d'allure, dont la destination reste inexpliquée, et qui pourraient avoir précédé l'essai de Charles d'Alboise. Sans nom de graveur, sans date pour les déterminer, ils resteront longtemps encore anonymes. M. Poulet-Malassis, dans son intéressant ouvrage sur les *Ex-libris français,* ne parle point de ces œuvres égarées; il soupçonne la mode allemande pénétrant chez nous à la faveur des provinces de l'Est, par les Lorrains ou les Francs-Comtois. Ce doit être. Il note en passant quelque marque de la fin du seizième siècle, où sur l'écu se retrouve le monogramme commercial des imprimeurs d'alors, un 4 orné d'une croix. Pour nous cette pièce est douteuse. En dépit du nom de Dacquet gravé au bas, je la croirais du dix-septième siècle, et plus vraisemblablement des Flandres espagnoles.

A mon sens, une mode nouvelle, apparue en France sous le règne de Henri IV, dut contri-

* Le premier ex-libris anglais daté est précisément de cette date 1574. C'est la marque de sir N. Bacon.

buer puissamment à la diffusion des ex-libris
héraldiques, façon primitive dont ces incunables d'un nouveau genre se présentèrent dès
l'abord ; ce furent les thèses et les éloges mor-
tuaires des grands hommes. Toute une catégorie
d'artistes, nés vers le milieu du seizième siècle,
s'employaient à graver de grandes pièces bla-
sonnées que les étudiants en théologie faisaient
imprimer en tête de leurs positions, pour se mé-
nager les faveurs d'un personnage. Parmi ces
artistes, Thomas de Leu *, Léonard Gaultier,
Firens, Jean Picart, furent les plus habiles et
les plus occupés. La formule invariable, bientôt devenue classique et de tradition chez eux,
consistait à mettre un écu en accolade au
centre de la planche, à le timbrer d'un heaume
ciselé, damasquiné, à l'envelopper de lambrequins extraordinaires. De chaque côté, soit des
hommes, soit des animaux, servaient de supports
et s'appuyaient sur un terrain arrangé et creusé
de façon à laisser une place à la pointe de l'écusson et aux colliers des ordres. Lorsque le pré-

---

* Je signalerai de Thomas de Leu des armes, écartelé de
Crequi et de la Tour d'Auvergne, qui n'ont point été mentionnées dans le catalogue de Robert Dumesnil.

Ex-libris anonyme d'Alexandre Bouchart
Sieur de Blosseville, daté de 1611, et gravé par Léonard Gaultier.
(Au quart de l'original.)

sident Faucon de Ris mourut à Rouen, on décora d'une estampe de ce genre l'éloge mortuaire, le *tumulus* que lui consacraient ses parents. Et peu d'années après, Léonard Gaultier, ayant à graver pour Alexandre Bouchart un ex-libris d'in-folio (1611), s'en tiendra strictement à la formule admise, sans y ajouter rien d'autre.

Il dut y avoir alors de ces tâtonnements d'amateurs, de ces essais d'abord timides et bientôt suivis dont ces blasons destinés à d'autres usages firent les premiers frais. L'ex-libris d'Alexandre Bouchart fut-il primitivement inséré dans le texte d'un ouvrage, puis tiré à part et employé en marque de possession? La vérité est qu'on le retrouve collé au plat verso d'un Ptolémée, au département des estampes de la Bibliothèque nationale*. Après l'ex-libris d'Alboise d'Autun, cette estampe rare de Léonard Gaultier, décorée de figures, très finement

---

* Alexandre Bouchart, vicomte de Blosseville, portait : de gueules au lion d'or, surmonté d'une étoile de même. Il était conseiller au parlement de Rouen, et avait épousé Élisabeth Vauquelon. Il mourut antérieurement à 1622. Le Ptolémée sur lequel s'est retrouvé l'ex-libris de Bouchart porte aux Estampes la cote Xf 9. C'est l'édition de Mercator (Amsterdam, 1605, in-fol.)

travailléc et datée de 1611 serait donc le second
spécimen français connu; c'est sinon la meil-
leure, du moins la plus importante de toute la
série d'œuvres similaires au dix-septième siècle,
et personne ne l'avait indiquée encore.

Une remarque que nous développerons, c'est
qu'avant 1638, les blasons gravés ne compor-
tent pas l'indication des émaux par tailles ou
pointillé. En d'autres termes, les stries con-
ventionnelles adoptées par les héraldistes dans
les blasons gravés ne se trouvent jamais dans
les travaux de Léonard Gaultier, de Firens, de
Jaspar Isac, de Briot. Quelquefois, après 1609,
mais rarement, les couleurs s'indiquaient par des
lettres : A (argent), Au (*Aureus*) or, Az (azur),
G (gueules) ou P (pourpre), etc. Tout ex-libris
identifié et qui ne montre pas les tailles ad-
mises après 1638 porte donc sa date extrême
en lui. Tel celui de Jean Bigot, sieur de Cleu-
ville, doyen de la cour des Aides de Normandie,
à Rouen, dont la bibliothèque renfermait plus de
6 000 volumes et de 500 manuscrits, et celui du
président Claude Sarrau, à l'écu chargé de trois
serres d'aigle, travail précieux de gravure inventé
par Briot, et conçu dans les données spéciales

4

indiquées tout à l'heure. Je ne parlerai que pour
mémoire de la marque très fouillée de P. Sar-
ragoz, à Besançon, gravée par P. de Loysi, où
dans le haut apparaît l'empereur Rodolphe II,
tendant une couronne de lauriers. Celle-ci n'a
plus les ampleurs armoriales des Français, elle
subit l'influence de l'Allemagne, mais se peut
dater de 1630 environ. Au contraire, celle de
François de Malherbe, antérieure à 1628, rentre
dans la formule acquise, l'écu timbré du heaume
et des lambrequins avec, au bas, deux feuilles de
palmes croisées. Nous ajouterons aux précé-
dents les ex-libris de Jacques d'Auzolles, sieur
de Lapeyre, un demi fol du règne de Louis XIII,
historiographe à sa façon ; celui de Lesquen, avec
un écusson chargé d'un arbre ou d'un chêne
(le quène, armes parlantes) arraché ; celui de
Bassompierre ; celui des frères Sainte-Marthe par
Jean Picart ; et quelques autres indiqués par
Poulet-Malassis, aux pages 7-17 de la seconde
édition de son livre.

A faute de les pouvoir citer tous, je mention-
nerai à titre de curiosité la marque rencontrée
par nous de Nicolas Chevalier, ambassadeur de
Louis XIII en Suisse, dont le portrait nous a été

Ex-libris de Nicolas Chevalier,
ambassadeur en Suisse sous Louis XIII.

conservé par Michel Lasne*. Or, parmi les pièces
héraldiques composant les armes de ces personnages, j'ai retrouvé très exactement reproduit le
double E gothique, lié d'une cordelière, dont
Fouquet avait semé, au quinzième siècle, les
miniatures de son Mécène, Étienne Chevalier. Je
n'ai pu suivre la filiation entre le célèbre tréso-
rier du roi Charles VII et le modeste amateur
du dix-septième siècle, mais la licorne que le
premier portait dans son blason se rencontre
également dans celui du second. L'estampille
imaginée par Fouquet avait donc paru aux
descendants de Chevalier digne d'être reproduite, et c'était pour eux la plus belle note à
inscrire sur leur marque de collectionneurs.

Et pour ne rien omettre de ce qui peut servir
à préciser la tournure de ces estampilles et à en
limiter les moindres détails, il faut mentionner
ce fait, que jamais, durant la période en question, le mot ex-libris n'apparaît dans les légendes.
Charles d'Alboise, disait : *Ex-Bibliotheca,* le plus
grand nombre restent muets et se contentent de

---

* Cette marque est collée sur la feuille de garde d'un volume de costumes turcs du seizième siècle, aux Estampes de
la Bibliothèque nationale, Od 20.

devises latines. Je n'ai vu le terme d'ex-libris qu'une fois au seizième siècle sur un dessin conservé dans les collections de la Bibliothèque nationale au nom *Cameroniarius*. Ce sont des armes coloriées avec casque et lambrequins, probablement découpées dans ce qu'on nommait alors un album d'amis. On y lit : *Ex libris Cameroniarii*, 1585. Les Allemands disaient plus volontiers : *Liber;* les Flamands : *Ex Museo ;Ex Bibliotheca;* les Anglais inscrivaient leur nom tout simple.

Au rebours de l'imprimerie, qui n'avait pas mis vingt ans à venir d'Allemagne s'implanter en France, les ex-libris virent un siècle entier se passer avant que les inventions d'Albert Dürer prissent rang chez nous. Sur ce fait, les incunables germains ont donc cent bonnes années d'avance. Mais la découverte n'allait point péricliter entre nos mains; alors que les inventeurs cantonnés dans un art lourd et sans grâce ne progressaient plus, les Français du grand siècle allaient reprendre la succession, l'accommoder à leur génie particulier, et en faire au dix-huitième siècle une plaisante et charmante chose que les débuts étaient loin de promettre.

4.

III

EX-LIBRIS DE LA SECONDE PÉRIODE

(1650-1700)

Il demeure constant que dans la seconde moitié du dix-septième siècle, en Allemagne, en France, en Angleterre, le type d'ex-libris, timbré du heaume, orné de lambrequins reste le plus fréquent. Nos graveurs d'armoiries avaient synthétisé les inventions antérieures des maîtres allemands et les avaient imposées. Tout au plus variait-on les terrains sur lesquels reposait l'écusson, qu'on arrangeait parfois en dallage répétant les pièces d'armoiries. Tels les ex-libris d'Alexandre Petau, fils de Paul Petau, de Favre de Bordière, appuyés sur un sol losangé ou échiqueté, rappelant dans ses intervalles les motifs héraldiques du blason*. D'autres se cherchaient un support en forme de socle ou de tablette, comme André Félibien, sieur des Avaux, historiographe du roi; la plupart des amateurs français ou étrangers s'en tenaient encore aux anciens usages, et se contentaient

* Il faut citer un ex-libris de ce type gravé par A. Flamen pour Guillaume Tronson du Coudray, qui conserve tous les éléments du type primitif arrangés à la nouvelle mode.

du casque et des supports entourant l'écusson.

Déjà la mode des ex-libris se répandait, et les curieux au sens moderne du mot apparaissaient partout. J'entends les intrépides, ceux que rien n'arrête, que leur passion entraîne et affole. Posséder le livre que le voisin n'a pas et n'aura jamais, l'enfermer dans son trésor, en refuser même la vue! S'enrichir par tous moyens aussi, même les moins honnêtes d'apparence! Alexandre Petau, dont je parlais plus haut, entasse les portraits, les estampes et les livres. En 1652, on le charge de vendre la bibliothèque du cardinal Mazarin. Un loup dans un parc à moutons! Si l'on en voulait croire un dénonciateur anonyme, quel rusé compère, quel amoureux farouche et indélicat n'eût-il pas été! Souvent, demeuré seul, épiant la sortie des priseurs, il glissait sous son large manteau de robin l'un des tomes d'une collection précieuse et la dépareillait; puis, il revenait le jour suivant, et fort indifférent de visage, déplorait la perte du volume, qui gâtait le reste. Personne ne voudrait plus de rien. Il disait alors : « Combien cela « vaut-il ? Et lui demandaient les priseurs : — « Est-ce pour vous, Monsieur ? — Oui, cela ne

« vaut pas grand'chose, combien l'estimez-
« vous? — Ce que vous voudrez, Monsieur! »
Le tour était joué, et l'on s'extasiait sur la géné-
rosité de ce galant homme qui préférait en être
du sien plutôt que voir tomber à rien la vente.
Ses manuscrits furent depuis acquis par la reine
Christine de Suède, et d'elle passèrent au Vati-
can. D'autres se sont échoués à la Bibliothèque
de Leyde. Mais que valent les affirmations d'un
anonyme, sans doute quelque rival jaloux, furieux
d'avoir été distancé et battu?

Tandis que les Allemands et les Anglais s'en
tenaient, dans le milieu du siècle, aux types
classiques et de tradition, chez nous la fantaisie commençait son œuvre. Les armes royales
enfermées dans un écu ovale* contribuèrent à
ce changement. Sébastien Le Clerc, qui pré-
parait inconsciemment la venue des coquetteries de la Régence, composa plusieurs ex-libris
fort historiés, dont la tournure différait essentiellement des œuvres du début. L'envie de
paraître, de se hausser d'un échelon dans la

---

* L'écu ovale était italien d'origine. On le retrouve dans la
Vie des cardinaux de Ciacconius, au commencement du dix-
septième siècle.

Ex-libris de M. de Béringhen,
gravé par Sébastien Le Clerc.

société, fût-ce en rêve, poussait les bibliophiles
à se chercher des combinaisons de casques, de
couronnes, bien faites pour dérouter les chercheurs. Les sanctions les plus sévères ne les
corrigeaient pas. On avait vu à Dijon certain
avocat, du nom de Bernard, condamné à faire
gratter sur le tombeau de sa femme la cordelière
de femme noble dont il l'avait gratifiée. D'autres
durent abandonner un heaume d'empereur à
grilles illimitées, dont ils décoraient leurs armoiries fantaisistes, et reprendre le casque morné
et tourné de profil, « ainsi que l'on représentait
autrefois Annibal pour couvrir la deffectuosité
de son œil ». Les hommes changent peu, les
ex-libris nous en fournissent la preuve.

Sur le principe ancien, le casque, l'écu, les
supports, Sébastien Le Clerc et ses imitateurs
brodaient des variations infinies. Un cartouche
ovale enserrait le blason, les lambrequins s'en-
volaient en de capricieuses contorsions, les
supports s'appuyaient sur des motifs d'ornements très délicats, enguirlandés de fleurettes
et de perles. A côté de ces nouveaux venus, les
anciens, conservés par les classiques du genre,
paraissaient de vieilles épaves. Comparons aux

élégances de M. de Beringhen les très lourdes
choses des Allemands ou des Anglais contemporains, les ex-libris de Kuczer ou de François
Gwyn, même certains français comme ceux de
Fyot de la Marche, et nous en verrons la diffé-
rence. L'art de Le Pautre et de Sévin descendait
jusqu'à ces œuvres modestes et leur communi-
quait la commune tendance. Michel Begon, in-
tendant de la généralité de la Rochelle, un des
plus célèbres « curieux » d'alors, possédait une
marque étoffée, imposante, sentant son grand
siècle, où les rinceaux d'architecture accompa-
gnaient des armes superbes. Le roi de France se
fût-il choisi un ex-libris qu'il ne l'eût désiré ni
plus solennel ni plus ample. En revanche, les
grands littérateurs ne mordaient pas à la mode
nouvelle; on ne rencontre ni la marque de La
Bruyère, ni celle de La Fontaine, ni celles de Cor-
neille, de Racine ou de Bossuet. Le seul ex-libris
au nom de l'évêque de Meaux appartenait à son
neveu, Jacques-Bénigne, héritier de ses livres;
il date de 1715 environ et se rapproche des fers
dorés de la Bibliothèque royale.

Vers la fin du règne de Louis XIV, les Anglais
avaient adopté le style jacobite, très chargé,

tranchant franchement avec les traditions antérieures. Leurs marques riches admettaient une
particulière débauche de figures allégoriques,
de cornes d'abondance, d'encadrements sur-
chargés. John Reilly, of the Middle Temple, en
possédait une où les lambrequins, les supports,
forment un inexprimable fouillis d'êtres et de
choses disparates, séparés par les devises et
les tentures. L'honorable J. Leicester Warren
cite plusieurs spécimens de ces book-plates dans
son livre *.

Les Allemands, sans abandonner complètement le type armorial, l'exagèrent, le couvrent
de heaumes et de proboscides, multiplient les
partitions de l'écu, et alourdissent leur manière.
Déjà, vers le commencement du siècle, ils ou-
bliaient les nets et vigoureux travaux des maîtres du dix-septième siècle et cherchaient à se
personnaliser. Henri Tulpen, doyen de Kupfer-
berg, avait placé ses armes entre deux colonnes,

---

* *A Guide of the study of book plates* (ex-libris). London,
John Pearson, 1880. In-8. Cet ouvrage très complet traite de
tous les ex-libris anglais, ou même étrangers à l'Angleterre,
datés. Voir aussi la liste des ex-libris anglais datés par A. W.
Francks (1574-1800) dans l'ouvrage intitulé : *Notes on Book-
plates*, 1887, in-8.

avec, pour cimier du heaume, une branche de chêne chargée d'un gland issant. Un des premiers parmi les bibliophiles, il menace d'appeler voleur celui qui portera la main sur ses livres.

Inspector quare libris his abstine palmas.
Ni pravi furis nomen habere velis.

Toutefois, en dépit des singularités notées dans les ex-libris des ducs de Bavière, dans celui de Sébastien Myller, évêque d'Adramytteum, daté de 1635, et gravé par Wolfgang Kilian au milieu d'un ovale à cartouche, les plus ordinaires restent simplement héraldiques. Leur date se précise par les casques répétés, affublés de mille ornements bizarres, gravés grossièrement et sans esprit. Quelquefois, vers la fin du dix-huitième siècle, on trouve des excursions hors de la règle, des sortes de monuments funèbres sur lesquels sont gravées les armoiries, des vues intérieures de bibliothèque, de très simples étiquettes. Mais l'appoint principal s'en tient au blason, aux casques, aux lambrequins, et à l'écu germain entaillé. Les Français sont devenus incontestablement supérieurs dans le genre, la pléiade des dessinateurs du dix-huitième siècle va les grandir encore.

5

IV

EX-LIBRIS DE LA TROISIÈME PÉRIODE

(1700-1800)

Il y eut deux causes à la diffusion de l'ex-libris
en France après le règne de Louis XIV, comme
l'a très bien indiqué Poulet-Malassis; d'abord
la fameuse querelle des anciens et des modernes,
terminée par le triomphe des derniers. Le livre
moderne, estimé de peu de valeur marchande,
pénétrant dans les bibliothèques, c'est une
marque simple qu'il lui faut; sauf pour de rares
amateurs de reliure, le volume courant ne s'ha-
billait guère; tel on l'achetait, tel il se gardait.
L'autre cause, nous l'avons dit, fut la passion
grandissante des titres, des particules, l'envie de
paraître, l'amour du « galon », comme nous di-
rions aujourd'hui, cette manie qui pousse les
riches à orner de nos jours leur boutonnière de
rosettes multicolores, faute de mieux, et qui se
traduisait alors par l'adoption licite ou non d'un
blason. Jamais l'engouement armorial ne s'étala
plus cyniquement ni plus tyranniquement. Tout
a sa raison en tout, disent les philosophes; les ca-
brioles effrénées de fortune amenées par le Sys-

Ex-libris de Michel Bégon, en 1702,
gravé par Daudin.

tème, la vente des charges conférant la noblesse,
bouleversèrent de fond en comble l'ancienne
société et mirent au pinacle les minces bourgeois
de la veille. Alors, comme malgré tout les ordres
du roi ne s'achetaient pas couramment, on se
rejeta sur les distinctions tolérées. Rivarol disait : « Les gens d'esprit et les gens riches trouvaient la noblesse insupportable, et la plupart
la trouvaient si insupportable qu'ils finissaient
par l'acheter. » Une fois munis, ils devenaient
intraitables, se cherchaient des devises héroïques
où leurs aïeux s'accomparaient aux leudes. Ils
amplifiaient encore sur leurs prédécesseurs du
dix-septième siècle, et s'affublaient de couronnes
ambiguës où l'imagination du populaire pouvait
voir ce qu'elle voulait. Je ne crois pas qu'on l'ait
dit, mais cette supercherie augmenta singulière-
ment le nombre des collectionneurs ; le livre
était une excuse toute trouvée à la production
officielle des armoiries. Avec son argent, le fi-
nancier ou le parlementaire s'ouvrait les bonnes
portes artistiques. D'un rien, des hommes comme
Boucher, Gillot, Eisen, Cochin ou Moreau le
Jeune composaient un ex-libris pimpant, joyeux,
charmeur, et le tour était joué. Du livre, l'écusson

passait à l'argenterie, aux meubles, aux voitures,
aux bijoux ; le tortil de baron s'accommodait
peu à peu de perles, de fleurons de marquis ou
de duc. « Tiens ! mon cousin l'avocat Perrot ! »
s'écriait un jour le duc de Bourbon, en frôlant la
litière superbe d'un homme d'affaires de son feu
père. C'est qu'il avait reconnu sur la portière
du brave homme une mirifique couronne, et
sur l'écu des fleurs de lis, ma foi, d'argent sur
gueules, il est vrai, mais si jolies !

La simplicité des premiers ex-libris est loin à
cette heure. Dès la Régence, on suivit le goût
artistique et officiel dans leur composition.
Les écussons ovales, toujours accompagnés de
leurs supports d'autrefois, ont laissé la raideur
et la trivialité. Les animaux n'y font plus la sotte
mine de chiens savants se tenant sur leurs
pattes de derrière ; ils sont couchés, ils jouent,
s'entremêlent aux rocailles de la décoration et
sont personnages d'importance. Les armes s'en-
lèvent sur des soleils et des fulgurances, ou bien
éclatent en façon de pièces d'artifice. La figure
humaine, l'allégorie antique ou chrétienne apparaissent ; ce sont des Minerves tenant l'égide
armoriée, des Vierges ou des Religions bran-

dissant des écussons étranges. Mais sauf de
rares exceptions, le goût en est pur, le dessin
charmant et l'allure belle. Les grands artistes
qu'étaient les petits maîtres de la période ne
croyaient pas déchoir en s'essayant à ces fan-
taisies. Ils y mettaient un enthousiasme que les
honoraires excusaient, à défaut de raisons meil-
leures. La note caractéristique est la grande
diversité; on ne se copie plus. Si les motifs
d'ornements restent au fond les mêmes, les inventions se singularisent. Lorsque François
Boucher compose, en se cachant un peu, les ex-
libris du président Hénault, de l'Académie française, ou du baron de Thiers, Antoine Crozat, il
fait œuvre bien à lui. La Joue, le décorateur,
lance les graveurs dans la voie des rocailles, où
la mode se plaît et où le suivront Meissonnier
et Germain pour l'orfèvrerie. La Joue, sans en
avoir jamais dessiné peut-être, est le plus grand
instigateur d'ex-libris de la première moitié du
siècle*. Les graveurs copiaient à l'envi ses car-

* Consulter le *Recueil complet de différents cartouches par
le sieur de la Joüe, peintre ordinaire du Roi en son Académie
royale de peinture et sculpture*. A Paris, chez Huquier. In-4
oblong.

Ex-libris de Crozat, baron de Thiers,
par François Boucher.

touches contournés, ses ruines étranges et ses
animaux fantastiques.

Plus tard on oubliera ces choses; les vignet-
tistes célèbres du livre, Eisen, Gravelot, Choffard, Moreau, ceux dont la réputation grandis-
sait dans l'illustration des ouvrages, et que les
fermiers généraux avaient employés, cherche-
ront d'autres combinaisons plus féminines, plus
coquettes d'esprit. Ils traitent l'ex-libris à la
façon des inimitables figurines dont ils habillent
les livres. Le blason toujours, le blason triom-
phant, mais accommodé à la mode nouvelle, fleuri
de guirlandes, empanaché, ramené à sa valeur
vraie de distinction trop exagérée pour être
sincère. Certes ils en font pour des gens capables
de nombrer leurs quartiers. Telle Henriette de
Lorraine, duchesse de Bouillon, dont l'ex-libris
armorié authentiquement est une pure merveille
d'arrangement et de préciosité; tels aussi le duc
de Charost, la comtesse de Rochechouart, M. de
la Rochefoucauld Bayers; mais à côté de ceux-
là, combien d'autres, aussi charmants, qu'on
s'étonne d'entendre nommer par la légende:
l'abbé Le Blanc et ses amours gaillards, par
Cochin; Poisson de Marigny, par le même; Mo-

Ex-libris de Madame ***
gravé par Choffard, d'après Moreau le Jeune.
(État d'eau-forte.)

reau d'Hemery ; A.-P. de Montenay, écuyer, par
Moreau ; vingt autres également ravissants dé-
terminant d'illustres inconnus, dont la mémoire
n'est venue jusqu'à nous que par cette faveur
inespérée.

Tout ce qui portait un nom dans le dessin
et la gravure, des amateurs même, comme
Mme Louise le Daulceur ou le comte de Caylus,
s'essayèrent aux ex-libris. On en était arrivé à
la période obligée d'engouement que traverse
toute branche de l'art à un moment donné. De
là l'extraordinaire diversité dans ces petits travaux, l'imagination déployée pour les personnaliser, et le moyen où nous sommes de juger sur
eux l'esprit des hommes pour qui on les com-
posait. Nous devinons très bien M. le conseiller
Amellon derrière sa couronne de marquis, ses
armoiries étincelantes et à travers sa légende :
« Je suis à Monsieur Amellon, conseiller en la
Cour des Aydes de Paris. » Nous savons que
M. le chevalier d'Ampoigné rêve du plat de
lentilles d'Esaü, qui, tout cadet et chevalier
qu'il soit, arbore la couronne de son aîné.
Nous imaginons que François d'Apples est féru
de Rousseau, pour s'être choisi tout un tableau

Ex-libris de Boucherot du Fey,
dessiné par Moreau.

champêtre où Tircis et ses brebis paressent,
sous la légende *Naturæ et Musis,* sentant son Tria-
non d'une lieue. Nous jugeons, sans nous pen-
ser tromper beaucoup, que Mme Rolland de Chal-
lerange tient une place prépondérante dans le
ménage, qui se nomme étourdiment « Conseil-
lère au Parlement », et s'environne de cœurs,
d'amours et de la Religion. Nous voyons l'avocat
Odouard quitter la toge pour traduire Horace,
qui inscrit au fronton de sa marque littéraire :
Vita sine litteris mors est. Nous pourrions compter les vrais bibliophiles, les éclairés, les sérieux,
et les séparer de la plèbe ignorante, alignant des
dos de faux volumes dans ses bibliothèques, af-
firmant sans rire sa foi érudite. Il y a les convaincus, les intraitables, les farouches, mais
aussi les sceptiques, les railleurs comme le président de Brosses, et les incrédules. Ce que l'ex-
libris ne dit pas, la devise l'explique, le déter-
mine et le commente. Ah! les devises!

D'après elles, ce que les bibliophiles aiment
par-dessus tout c'est le livre ; M. de la Palisse n'eût
pas dit mieux ces choses palpitantes. *Fallitur
hora legendo. — Dulce desipere in loco cum
libro. — His me consolor. — Vita sine litteris mors*

est. Mais il y a ceux dont la noblesse prime le
goût, et qui foudroient, qui menacent dans une
langue des croisades le pauvre monde sans écu :
« Qui s'y frotte s'y pique. — Qui qu'en grogne ?
— Mieux vaut m'avoir amy ! — Je poins qui
m'heurte. — Tel je suis qu'on m'envye ! » Les
Anglais du dix-huitième siècle, même les plus
récemment anoblis, mettaient leur coquetterie
à posséder une devise française remontant au
Prince Noir ou à la pucelle Jeanne ; les parle-
mentaires, les avocats, les procureurs, les con-
seillers tatillons des cours provinciales, couron-
nant d'une toque leur casque guerrier et lançant
d'implacables cris de bataille, ne sont point non
plus très rares en France. C'est un spécial état
d'esprit que les ex-libris précisent et qui ne fut
pas sans influence sur la haine du peuple contre
les hautes classes, à la fin de l'ancien régime. Les
ex-libris font de la politique sociale à leur façon.

A la Révolution ils émigraient ou ils grattaient
leur blason ; quand ils restèrent chez eux, ils
se firent humbles. Boyveau Laffecteur, un spé-
cialiste célèbre qui s'était au bon temps risqué
à la couronne comtale, la fit prestement disparaître et ne garda que ses ruines romaines, ses

6

peupliers et son veau buvant (Boyveau !) à une fontaine. Le vicomte Louis-Paul de Bourbon-Busset est devenu Louis-Paul Bourbon-Busset, « citoyen français ». On est en 1793, et c'était encore une crânerie de conserver la première partie de son nom. M. de Fortia d'Urban a oublié le blason et les lions, pour une femme assise sur une roche et palpant une colonne brisée. Il ne se cache pas, il donne dans son ex-libris sa rue et son numéro : « division du Mont-Blanc ». Charles-Louis Le Prince passe soigneusement à l'encre son nom patronymique par trop compromettant. En revanche, Michaud de Pontarlier s'en tient aux coquetteries du règne déchu, mais il y plante une pique et un bonnet de coton phrygien d'un goût détestable. Lemoine Giraudais est bucolique, il rachète son premier nom par le titre de citoyen, mais il sacrifie à la poésie par des colombes se becquetant sur des flèches. Robespierre faisait, dit-on, des pastorales émues. Lemoine Giraudais suivait un excellent modèle.

Cependant que nous nous « originalisons » de toutes manières, les Allemands inventeurs gardent toujours leur modèle ancien, l'écu enve-

loppé de volets, de pennages excentriques reliés
au morion du timbre par des bourrelets.

Ces lamequins ou lambrequins ont chez eux
une grande valeur de tradition, ils sont l'accom-
pagnement primitif des blasons dans leur art
national. Vers le milieu du dix-huitième siècle,
alors que nous cherchions les mièvreries et les
délicatesses, les bibliophiles germains visent surtout à l'exagération guerrière de leur écusson.
Ils y entassent les divisions d'alliances, et chaque division a son heaume particulier placé en
haut, ce qui produit à l'œil comme un cénacle
de casques tournés les uns vers les autres et se
parlant. Wolffgang Christian, comte d'Ueber-
acker, a sur son ex-libris trois armets en pareille
posture (1758). De même le baron de Wiesen-
hülten, un Autrichien. Les Suisses allemands
conservaient la marque armoriale des premiers
amateurs. En 1777, François Bernard de Vallier,
bailli de Bæchbourg, au canton de Soleure, possède encore le type héraldique français du dix-
septième siècle, avec les palmes croisées au-des-
sous de l'écu. Mais le besoin de ne pas ressembler à son voisin a touché les Allemands comme
les autres. On trouve chez eux des cartouches

gravés représentant de petites scènes ; tel celui
du pasteur Wiedman d'Altenmünster, dans lequel
apparaît un génie ailé dérobant des cerises sur
une table. Le rococo triomphe chez plusieurs,
et parmi ceux-ci, chez Christophe Trew, docteur
en médecine, dont l'ex-libris, formé de trois com-
partiments, renferme une allégorie, un blason,
et un chien, emblème de la véracité. *Simulare
nescit,* dit la devise ; le chien ne ment pas, il
jappe à tort et à travers. Trew était charmé de
cette trouvaille ; le chien non menteur se voit
sur ses trois marques différentes, surchargées,
peu agréables.

A la fin du siècle et au moment de notre Révolution, les Allemands emploient tous les motifs de décoration. Il y a les figures allégoriques,
les femmes enseignant la lecture à de petits en-
fants, la maîtresse d'école « par où les Prussiens
nous devaient vaincre ». Cet ex-libris prophéti-
que est d'Erhard Frédéric Weinland. J.-J. Wa-
ser s'était choisi un buste antique au milieu de
livres et d'écritoires, un buste ceint de fleurs.
Mais en dépit de ces excursions dans la fantaisie, les petits nobles possesseurs de bibliothèque en sont toujours aux machines militaires.

Le casque pointu d'aujourd'hui n'a pas d'origine autre que ces morions proboscidés et cornus dont ils signaient leurs armoiries de hobereaux pauvres. Et moins ils comptaient dans la hiérarchie aristocratique d'alors, plus les ex-libris s'enflaient, s'imposaient, prenaient des attitudes cavalières. Lorsqu'on rencontre quelqu'une de ces marques anonymes, timbrée d'un bonnet de prince, il se faut garder de la réputer illustre dès l'abord. Un principicule inconnu s'est taillé ce vêtement royal pour paraître; les Français ne sont point seuls à aimer le galon, il convient de le reconnaître une bonne fois.

En Angleterre, où la mode des book-plates s'était vite répandue, après le style jacobite des premières années du dix-huitième siècle, on en vint, environ vers le milieu du même siècle, à un style semi-rocaille où les encadrements extérieurs, ténus et légers, faisaient assez bonne figure. Sous l'influence de Gravelot la vignette française eut quelque influence là-bas, mais ne put vaincre complètement le personnalisme britannique. Le type armorial persista avec tout son attirail, on le transformait seulement un peu. La

6.

forme de l'écu est plutôt triangulaire, le cimier
rappelle la pièce principale du champ, les person-
sonnages disparaissent peu à peu. Déjà se mon-
trait une singularité de nos jours érigée en règle
là-bas. Le heaume, orné dans le principe d'un
coussinet tortillé, servant à lier les lambrequins
à l'armet, cède la place au seul coussinet, qui
forme alors une sorte de terrain d'où issent les
animaux, les dextrochères armés, les figures humaines. Je renvoie les curieux d'ex-libris anglais
au Guide de M. J. Leicester Warren, dont la
compétence et la patience ont épuisé la matière.
Tout au plus dirai-je que, vers l'extrême fin du
siècle, l'ex-libris est devenu allégorique, grâce à
Bartolozzi et à son école. Alexandre Burnet s'était
choisi une figure de femme assise au pied d'une
pyramide et déchiffrant un vieux livre ; mais bien
avant lui Henrietta Cavendish Holles avait campé
(1730) une Minerve héroïque dans une bibliothèque remplie de livres, d'amours, de dieux de
l'Olympe. C'est dire qu'il est difficile de formuler
des lois générales en pareil cas ; il s'en faut tenir
aux esquisses sommaires.

Des Anglais, l'ex-libris héraldique avait passé
aux Américains ; même les premiers connus dans

le Nouveau Monde proviennent d'artistes de la
Grande-Bretagne. William Penn, « propriétaire
en Pensylvanie », marquait ses livres d'armes
authentiques dûment timbrées et lambrequinées
à la bonne façon antique (1703). Thomas Prince
laissait pressentir les simplicités yankees dans
son étiquette encadrée typographiquement et
composée de même (1704). Mais John Burnet,
en 1754, donne dans le rococo, les grâces et les
ris, suivi par plusieurs autres*.

Pour être complet je devrais mentionner les
Italiens, les Espagnols, les Russes, les Polonais,
les premiers surtout, très attachés à la mode des
marques de possession. Mais je me répéterais un
peu en parlant d'eux. Par les tendances, les ex-
libris italiens du dix-huitième siècle se rappro-
chent des nôtres ; ils sont plus lourds cependant,
à cause du manque de graveurs spéciaux. Les
estampilles italiennes les plus habituelles sont
armoriales, enfermées dans des cartouches déchi-
quetés, de forme ovale toujours. Le marchese de
Trotti a un ex-libris de ce genre. Plus tard, nos

* *The Curio*. American book-plates and their engravers, by
Richard C. Lichtenstein. En 1825 il y avait plus de 400 ex-libris
américains gravés.

voisins rechercheront les allégories, comme le
baron della Turbia, par exemple, dont la marque
composée par Valperga comporte la bibliothèque
obligée, et les personnifications idéales. Les
Russes et les Polonais touchent à l'Allemagne
et ne diffèrent d'elle que dans le détail, tout en
demeurant héraldistes, guerriers, et ce que nous
appellerions « vieux jeu » en argot parisien. Au
milieu des étrangers, nous tenons la corde et
par la qualité et par le nombre. Notre outillage
nous permet de ne redouter personne pour la
partie matérielle de la gravure. Au point de
vue plus élevé du goût, de l'esprit, sauf des
exceptions nombreuses, il faut l'avouer, nous
n'avons pas une moins bonne posture. Et nous
pourrions citer ici, en changeant le mot, ce
qu'un critique écrivait naguère à propos de nos
industries d'art : « C'est à nous qu'on emprunte
les ex-libris, de nous que chacun les copie en
les accommodant à son tempérament spécial,
comme on s'inspire de nos livres, de notre
peinture, de notre sculpture, de notre architecture, de nos colifichets, de nos meubles,
en nous taxant de frivolité, d'orgueil et d'in-
consistance. »

V

EX-LIBRIS CONTEMPORAINS
1800-1890

Le premier Empire ramena le blason dans les ex-libris, un blason bien à lui, uniformisé, marquant le pas, un art héraldique de soldats paradant en front de bandière. Une toque extraordinaire les surmonte, de l'invention du peintre Louis David, où l'on a planté des plumes d'autruche soigneusement comptées suivant les grades. A première vue, on sait à qui on a affaire, maréchal, général, magistrat ou simple officier civil, comme dans la rue on reconnaît les titulaires à leurs graines d'épinards ou bien à leurs broderies. Il y a cette particularité cependant que, pouvant montrer leurs armes frais émoulues en d'autres places que sur les marques de leurs livres, les nouveaux anoblis ne sont guère bibliophiles. Ils ont d'autres choses en tête et ne s'attardent point aux bouquins.

Ceux qui s'y mettent font bien les choses, mais ils sont plutôt de la catégorie des civils, comme Treilhard, Jean de Bry ou François de Neuchateau. François de Neuchateau était ly-

rique, il avait la reconnaissance chevillée à
l'égard du héros dont il tenait honneurs et ri-
chesses. Son ex-libris n'est pas seulement une
attestation de propriété, c'est une hymne de
merci envoyée en vers iambiques à l'auteur de
sa gloire. François de Neuchateau est de tout,
sénateur, académicien, poète, agronome, écono-
miste ; il a été six fois président de la Société
d'agriculture. Il est grand officier de la Légion
d'honneur, il méprise l'or, il aime le bien public.
Il a un écusson ! François de Neuchateau ne re-
vient pas de cet écusson, « honneur bien préférable aux dons de la Fortune », qu'il avait peut-
être un peu raillé avant et qu'il admirait tant
après. Sur cet écu, un cygne, des épis person-
nifiant l'agréable et l'utile. Et il peut sans honte
le coller sur ses livres, comme autrefois faisaient les seigneurs dont on se moquait alors !
Celui-là se déshabille en entier dans son ex-libris ;
il n'eût su décrire mieux son caractère ni ses
enthousiasmes. En notre temps sceptique, nous
le nommerions un Prudhomme ; il faut des prud-
hommes, ils vous font aimer le monde.

Jean de Bry, échappé au massacre de Rastadt,
Jean le Mal-Tué, comme le nommaient les Francs-

Comtois irrévérencieux, était plus contenu et plus diplomate. Sa marque surmontée d'un aigle est tout simplement typographique : « Bibliothèque de M. Jean de Bry. » Suchet, duc d'Albuféra, suivait les mêmes données. Ceux-là n'avaient point été grisés de leur fortune, ou s'estimaient trop pour avoir besoin de parader.

Une méchante époque pour le livre, que l'Empire et la Restauration! Les coquetteries du dix-huitième siècle étaient enterrées à jamais; David avait écrasé l'art joyeux et pimpant, et sauf de rares exceptions, la librairie était une fourniture courante de pamphlets et de brochures ennuyeuses. Il y eut bien Prudhon, mais Prudhon ne signa pas d'ex-libris; il se contenta de composer des en-têtes de lettres officielles, des vignettes ou des illustrations. C'est l'antique qui règne, un antique adapté, arrangé, propre à la décoration des appartements, des meubles ou des marques de livres. La plupart des ex-libris sont alors entourés de grecques, de motifs géométriques sans grande prétention. A part la duchesse de Berry, qui possédait une marque sommaire, conçue en manière de fer à dorer, et une autre plus historiée et ornée de lis pour sa bibliothèque de Rosny;

à part aussi Berryer qui revenait aux armes anciennes et aux lambrequins, la foule se démo-
cratisait et s'en tenait, en général, aux choses
modestes.

Le romantisme rencontra cette bibliophilie
vieillotte et moribonde, et la secoua vertement.
En place des antiquailles partout installées, les
théories nouvelles campèrent de prime saut tout
un attirail de décorations empruntées à notre art
défunt et à notre histoire. C'est la période où les
tombeaux d'Héloïse et d'Abeilard, les porches
de cathédrale, les ruines médiévales, se substi-
tuent brusquement aux palais pompéiens et aux
colonnes romaines. On voit alors des ex-libris,
comme celui de Claude Thiéry, agencé en minia-
ture du quatorzième siècle, avec un petit écrivain tenant le calame et une longue inscription
en cursive, ou prétendue cursive, du temps de
du Guesclin. « Cestuy livre est à moy Claude
Thiery ymaigier moult hault et puissant seigneur Monseigneur François-Joseph, empereur. »
Dans sa forme, cette marque romantique procède
des essais pareils de Bonnington ; le moyen âge
ressuscite, tout-puissant, tantôt aussi encombrant
que l'avaient pu être les Romains ou les Grecs

de l'école impériale. Lorsque le blason réapparaît dans les ex-libris, il s'attache à copier les écus triangulaires d'autrefois, les morions du quinzième siècle. Ou bien ce sont des arcades en ogive, d'où s'échappent des bêtes sépulcrales, des ouvertures de chapelle où quelquefois s'aperçoit dans une pose étudiée un bourgeois bourgeoisant de la Restauration ; tel Aimé Leroy de Valenciennes, gravé par J. Potier, dans la manière habile et jolie de Desenne.

Le romantisme a eu la carrière longue dans les ex-libris ; il est venu jusqu'à nous, gardé précieusement par les officines spéciales de graveurs héraldiques. Je n'aurais jamais fait de nombrer à cette place tous les sceaux, toutes les lettrines, toutes les miniatures gothiques accommodées aux prétentions modernes. Le moindre prétexte de nom suffit à nous valoir de ces ex-libris chevaleresques, chargés de salades, de boucliers, de rosaces et de devises à la mode des âges passés. Le goût s'en maintient, grâce aux traditions des maisons où s'élaborent la plupart de ces petites œuvres courantes. Le travail en plaît aux amateurs de province par sa propreté, sa régularité mathématique, la façon savante

7

dont les moindres détails en sont écrits. C'est
un curieux reste de nos luttes littéraires d'il y a
soixante ans, le seul reste peut-être, fidèlement
transmis, religieusement gardé par toute une
classe d'ouvriers se copiant les uns les autres, de
père en fils. Trois types principaux font les frais
de toutes les combinaisons : 1° le type armorial,
écu, sceau ; 2° le type marque de libraire du
quinzième siècle ; 3° le type à la jarretière ou à
la courroie. Tout, ou à peu près tout, rentre
dans ces programmes avec de légères variantes.

Il n'y a donc pas lieu de s'occuper longtemps
de ces travaux de pratique, assimilables aux étiquettes de liquoriste ou de marchand de bon-
bons. Pour marquer la possession d'un livre, ils
valent les meilleurs, certes, mais il leur manque
le côté original, personnel, vivant des autres.
Ils sont à l'ex-libris inventé par un artiste, ce
que la chromolithographie perfectionnée est à
l'eau-forte.

C'est à peu près sous le second Empire que
l'ex-libris a repris tournure et s'est personnalisé
de nouveau. Des dessinateurs habiles, des graveurs ingénieux, n'ont pas craint de revenir aux
essais de leurs devanciers du dix-huitième

siècle. De même aussi, les bibliophiles ne se sont plus contentés de la marque banale et uniforme des héraldistes ; ils ont eu la volonté de sortir de la commune ornière et d'être eux. Longtemps avant que la passion de collectionner les ex-libris fût venue, et eût donné à cette décoration spéciale une forte poussée, des littérateurs notés parmi les premiers, des savants, des hommes d'État, des artistes aussi, s'intéressaient à signer leur bien d'une estampille individuelle, caractéristique, et, autant que faire se pouvait, amusante. Nous avons vu se produire successivement les choses les plus chargées et les plus simples, les plus folles et les plus naïves, au hasard des tempéraments. Des calembours, comme celui de Milsand, de Dijon, frappant une marque en façon de papier-monnaie où les chiffres 1000 et 100 s'étalaient ; la fourmi de César Moreau écrivant des pattes de mouche ; le monogramme très simple de Michel Chasles, la victime de Vrain-Lucas, monogramme dont il avait marqué le fameux recueil des lettres de Jésus-Christ à Marie-Madeleine ; le livre de Paul Arnaudet et sa devise féroce : *Nunquam amicorum* ; la grue chevauchant une tortue, de Charles Asse-

7*

lineau; les deux masques de théâtre de Paul de
Saint-Victor; une main, dessinée par Gavarni
pour les frères de Goncourt, main étendant deux
doigts sur les initiales E et J, Edmond et Jules,
« les deux doigts de la main »; l'intérieur de
bibliothèque d'Henri d'Ideville, où se montrent
dans leur grâce d'enfant le fils et la fille de
l'écrivain, parmi les livres rares, double trésor,
double amour; la reliure stéréoscope d'A. Le-
mercier, gravée par Martial, ouvrant à travers le
plat d'un beau livre une échappée sur un cabinet
d'amateur, et laissant lire des devises partout ins-
crites; les amours joufflus du Bibliophile Jacob;
le petit coin d'imprimerie de Gabriel Peignot;
les tours Notre-Dame, sillonnées d'éclairs, com-
posées par Aglaüs Bouvenne pour Victor Hugo.
Et tout près de nous, le coq gaulois de Gambetta
et sa devise un peu audacieuse : « Vouloir, c'est
pouvoir! » L'Hercule de Ferdinand de Lesseps,
promettant d'ouvrir la terre aux nations : *Ape-
rire terram gentibus*, entre un pied de vigne et
une étoile; les simplesses voulues du baron
Salomon de Rothschild, un modeste tortil et
son nom; les armes parlantes du baron James
de Rothschild, accolées à tant d'ouvrages pré=

cieux ; les diverses marques de M. Eugène Paillet,
la petite balance d'or, l'ex-libris jaune à la légende
française écrite en caractères grecs, où Paillet
se dit Παλλετ ; la bibliothèque à la chouette ; le
vieux colombier vermoulu d'Aglaüs Bouvenne
indiquant le nom de sa rue : Bouvenne, graveur,
écrivain, collectionneur d'ex-libris ! Plusieurs
choses jolies arrangées par Bracquemont pour
Ph. Burty ; par Lalauze ; par H. Manesse pour
M. du Désert ; par Giacomelli, François Cour-
boin ; de ce dernier entre autres la marque
de Georges Duplessis, conservateur du cabinet des estampes, inspirée par la médaille d'O.
Roty ; de Giacomelli, l'ex-libris du libraire
Conquet : un moineau parisien sur des livres,
et la légende : « Ouvre l'œil ! » une vraie
légende de libraire audacieux, habile, saisissant
le joint. J'omets à dessein toutes les besognes de
pratique inventées dans les ateliers de gravure
dont je parlais plus haut, c'est la perfection même,
trop la perfection, l'impeccabilité agaçante des
maîtres d'écriture.

Tout est admis aujourd'hui comme signe de
reconnaissance bibliographique : quelquefois un
petit animal qu'on dirait tombé de la pointe de

Ex-libris de M. J. Adeline. — De MM. Jolly Bavoillot et Léon
Conquet. — De M. Ed. Pelay (pour sa collection de Danses des
Morts).

Ex-libris de M. A. Sciama — De M. A. Piedagnel. — De M. Octave
Uzanne. — De M. Paul Bellon. — De M. Ch. Bouret.

Nicolas Berghem, tel le ravissant baudet couché de L. Deschamps ; des monogrammes compliqués, comme ceux de Mohr ; les élégances d'Octave Uzanne ; des semis de lettres, comme la marque fine et distinguée de Germain Bapst ; de petites scènes : le nocher breton abordant aux côtes de l'Armorique pour M. de Laborderie, avec la devise jouant sur le nom du propriétaire : « Qui l'aborde rie ! » Le blason a fait son temps, il ne se rencontre plus guère que dans les travaux des héraldistes et détonne un peu en ce moment. Ces années dernières, des photographes prônaient l'ex-libris-portrait, où la physionomie du propriétaire se fût transmise aux races futures (si la photographie parvenait à être indélébile). On vantait le procédé de signer ses livres de sa figure, et on le réputait une idée absolument neuve, comme si Lamy, au commencement du dix-septième siècle, l'abbé Perrault, en 1764, et nombre d'autres ne l'eussent mise en pratique. Mais ces tentatives sont mort-nées par leur médiocrité même ; à moins que de passer par les mains d'un artiste, elles déshonoreraient une bibliothèque sérieuse ; jusqu'à nouvel ordre elles ne passionneront que les âmes simples.

Les Anglais du dix-neuvième siècle ont franchement versé dans les marques de blasonneurs en boutique; ils ont adopté cinq types principaux, tous cinq — sauf de rares exceptions — poncifs et banals : 1° l'ex-libris au tortil, où l'on ne voit que ce reste du heaume, devenu sec comme un mirliton, avec une devise et le nom en belle écriture moulée; 2° le type héraldique. écu, casque, tortil encore, et lambrequins, copiés sur les anciens; 3° le type à la jarretière : une jarretière ou une ceinture nouée en rond, avec au milieu le nom de l'amateur; 4° le type sigillographique, accommodé en sceau gothique et gravé à la façon des médailles du procédé Collas; 5° le type en forme de marque de libraire du quinzième siècle, anglais, allemand ou français. Quelques bibliophiles se dégagent de ces errements stéréotypés; ils se comptent. Je citerai H. B. Ker de Lincolns-Inn, qui est encore un romantique à la Walter Scott et qui a déposé le heaume, le haubert et l'épée sur un arc gothique. Mais l'art spécial le plus ordinairement adopté là-bas n'est pas sans avoir influencé nos héraldistes. Il y a coquetterie pour l'instant chez nous à se donner une marque aux allures britanniques, comme il est séant de se vêtir à l'anglaise. Les meilleurs esprits n'échappent point toujours à cette mode. Au contraire, les bibliophiles anglais raffolent de devises françaises, c'est un prêté pour un rendu.

Les Allemands sont plus chercheurs de nature, mais aussi plus attachés à leurs traditions [*]. La plupart d'entre eux s'en tiennent encore aux légions de casques cornus, surmontant un écusson chargé et rechargé de partitions et d'alliances. Les couronnes princières ne comptent que pour une valeur relative; il faut voir, comme nous disons. Avant leur singulière fortune, les Hohenzollern n'avaient que des lions, un cerf sur leur écusson, et deux chiens pour supports. Au contraire, les Anhalt-Dessau arboraient les insignes quasi royaux. Souvent, des personnages très décorés d'ordres nationaux ou étrangers suspendent leurs insignes à des brochettes; ainsi faisait le comte de Bismarck. Je citerai, parmi les modernes les plus audacieux, le comte Karl de Leiningen, montrant sur son ex-libris un chevalier du quin-

---

[*] Consultez *Die deutschen bucherzeichen* EX LIBRIS *von ihrem ursprunge bis zur gegenwart*, von F. Warnecke, in-8, 1890 (Berlin, J. A. Stargardt).

zième siècle à cheval, pareil au type équestre des sceaux, et enluminé, colorié comme une étiquette de kirchenwasser. C'est excessivement bleu, rouge et jaune, non point laid, mais pire.

En Italie, il y a plus de liberté. Le chevalier Nigra marquait ses livres d'un ex-libris héraldique, avec pour cimier du casque une vierge noire et la devise fameuse des Mauresques : *Nigra sum sed formosa*. Rossi avait un Grec, drapé dans sa toge et écrivant à une table.

Chez les Russes, il y a tendance aux marques d'héraldistes. Le prince Anatole Demidoff possédait pour ses collections célèbres un ex-libris représentant un écusson très entaillé, chargé d'un pic de mineur, par allusion à l'origine de sa fortune ; au bas, une couronne fermée et les initiales A. D. Tout ceci du plus pur style anglais moderne, et probablement exécuté à Paris.

Je m'en tiendrai à cette émnuération un peu sèche et que j'eusse désirée plus complète ; l'espace restreint m'oblige à passer plusieurs autres pièces intéressantes. Aux personnes qui se voudraient faire une idée à peu près définitive en la matière, je conseillerai de

visiter, aux estampes de la Bibliothèque nationale, les soixante volumes d'ex-libris réunis
et classés alphabétiquement. J'aurai occasion
d'expliquer tout à l'heure pourquoi les conser-
vateurs ont choisi ce groupement un peu em-
pirique, mais qui répond aux exigences des
communications rapides. Commencée il y a
moins de quinze ans, la collection de la Bibliothèque nationale s'est rapidement enrichie sous
la direction de M. Georges Duplessis, conservateur du département ; elle comprend aujourd'hui
près de sept mille pièces, dont cinq mille au
moins recueillies dans ces dernières années.

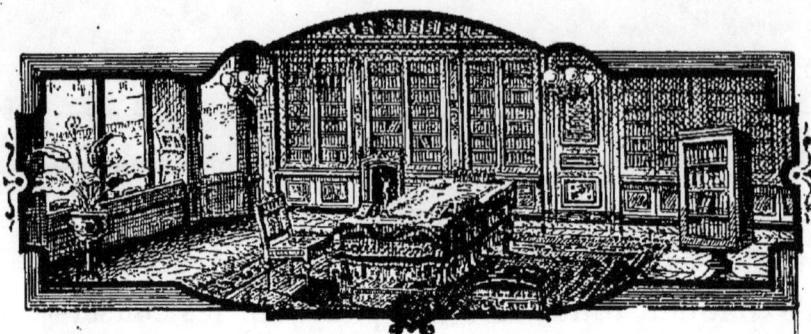

L faut donc se rendre, quelque re-
gret qu'on en ait, au fait acquis. On
collectionne les ex-libris aujour-
d'hui, on met à leur recherche une
furia chasseresse à peine croyable. Tout livre ren-
contré muni de ses marques de possession ancienne ou moderne est aussitôt privé de son état,
et la valeur qu'il pouvait tenir de ce fait dispa-
raît à jamais. Je ne parle pas, bien entendu, des
dépôts publics où cette note de provenance demeure, et de jour en jour prendra plus d'importance, mais des livres égarés chez les libraires
ou chez les bouquinistes, tombés en mains pro-

8

fanes, et voués à l'anonymat, comme les nou-
veau-nés oubliés au coin des bornes. Jusqu'à
nous, l'idée de reconstituer la bibliothèque éparse
d'un amateur pouvait être caressée, on osait es-
pérer, à cause de leur étiquette, la réunion
posthume d'ouvrages envolés aux hasards des
ventes. Le temps viendra, s'il n'est point venu,
où il sera impossible de songer à battre ce rappel.
Les collections d'ex-libris en seront cause.

Il y a en ceci, même au point de vue spécial
de grouper les marques authentiques, une grave
faute. Je le disais en commençant ce livre, les
ex-libris incunables se confondent singulière-
ment avec les œuvres similaires d'armoiries
gravées sur les thèses, de blasons isolés repro-
duits pour d'autres usages. Une fois arrachés
aux volumes sur lesquels on les avait collés
autrefois, ils perdent un élément sérieux de dé-
termination. Sans la rencontre faite par nous
de l'ex-libris d'Alexandre Bouchart sur un Ptolémée, de celui de Nicolas Chevalier sur un livre
de costumes turcs, on en serait à douter encore de leur destination primitive; ils passe-
raient couramment pour de simples travaux
héraldiques, sans plus. Et les collectionneurs en

viendraient à les rejeter comme douteux, alors
qu'ils vont à présent tenir une des premières
places par leur rareté même et la valeur que
leur donne le nom du graveur inscrit au bas.

Les constatations officielles dans les dépôts
publics ne fourniront malheureusement qu'un
appoint restreint. Les livres de la Bibliothèque
nationale, par exemple, sont entrés pour la plus
grande part directement dans la maison, et leur
reliure aux armes royales demeure leur seul
ex-libris. Les autres, recueillis successivement
par dons ou achats, n'ont point toujours conservé leur estampille d'origine, ou quand ils
l'ont, possèdent tous la même, par séries. Je citerai aux estampes les volumes de la collection
Lallemant de Betz, pourvus de la pareille marque, d'ailleurs collée en surcharge sur celle du
collectionneur primitif, M. Rousseau.

Aux Imprimés il en est ainsi. Les moyens les
plus sérieux de constatation courent le monde,
parce que les trésors anciens se sont éparpil-
lés; ils s'échouent dans des officines profanes,
avides, qui ne les ménagent guère; alors les
termes de comparaison manquent, et manque-
ront de plus en plus.

8*

Une question se pose à ceux qui, suivant leur passion sans se rompre la cervelle de ces considérations de philosophie, se jettent sur les ex-libris avec l'ardeur du thésauriseur, les achètent à tout prix et les veulent garder : quelle classification est préférable en l'espèce ? Le rangement méthodique par contrées, par siècles, par individus, ou le pur et simple mélange alphabétique, en ne tenant compte que du nom du titulaire ?

Aux amateurs convaincus, historiens à leur façon, disposant de leur temps, je conseillerai de préférence la méthode. Les Allemands entre eux, les Français entre eux, les Italiens entre eux, et dans chacune de ces séparations la place rigoureusement chronologique de l'ex-libris, quand on a pu connaître les dates extrêmes du personnage, ou la date même gravée sur la pièce. La besogne n'est point commode, il le faut reconnaître, car s'il est facile de déterminer des gens comme Pirckheimer, Ebner, Petau ou Félibien, il est souvent impossible d'assigner un temps, même approximatif, aux obscurs et aux anonymes. Mais si incomplètes que soient les identifications, l'avantage reste

du rapprochement des œuvres d'une époque ;
on suit mieux les transformations de la mode,
c'est en petit l'histoire du goût qui se dé-
roule, on surprend les rapports des vieux bibliophiles entre eux ; et celui-là seul pourra
écrire une étude définitive de l'ex-libris qui se
sera condamné à ce groupement rationnel et
saura lui demander ce qu'il comporte d'ensei-
gnements.

Dans les bibliothèques publiques où le nombre domine et souvent prime la qualité, le rangement alphabétique a de sérieux avantages. Ce
qu'on recherche avant tout, c'est la communica-
tion rapide de la pièce demandée, le moyen facile de satisfaire aux comparaisons lors des
achats. La méthode rigoureuse offrirait des in-
convénients ; elle exigerait des catalogues impossibles à tenir à jour, ou des connaissances
spéciales de la part des employés chargés de ré-
pondre aux demandes. Le classement alphabétique enlève mille causes d'erreur, de perte de
temps aussi. On va à la pièce réclamée aussi
sûrement qu'au mot cherché dans un dictionnaire. Il résulte bien de là une cacophonie incroyable d'époques, de singulières promiscuités

de noms, mais le but est atteint et le lecteur
n'attend pas.

Peut-être cet empirisme aurait-il sa raison
d'être dans la formation d'une collection particulière. Lors des acquisitions proposées, l'amateur saurait plus vite à quoi s'en tenir sur son
trésor. Mais pour le dernier rangement, il
faudrait revenir à la division scientifique, seule
digne d'un chercheur et d'un historien amassant
les documents, non par gloriole, mais par besoin de connaître la vérité en toutes choses.

La partie ardue de la tâche, c'est la reconnaissance des inconnus, de ces marques armo-
riées du dix-septième siècle, portant un simple
blason sans nom de titulaire, sans devise parfois, et que les vieux amateurs employaient de
préférence. Je suppose ici que le collectionneur
est fixé sur les procédés de gravure, qu'il dis-
tingue du premier coup le bois allemand, de la
taille-douce, et celle-ci de l'eau-forte. Les ex-
libris incunables allemands sont presque tous
gravés en relief; au contraire, les français sont
taillés en creux. Mais antérieurement aux ouvrages héraldiques du Père Silvestre Petra
Santa, auteur des *Tesseræ gentilitiæ* (Rome 1638),

et de Vulson de la Colombière, auteur du *Re-cueil de plusieurs pièces et figures d'armoiries*, en 1639, les blasons isolés ni les ex-libris ne figuraient les couleurs des armoiries par des traits conventionnels. La marque d'Alexandre Bouchart, celle de Nicolas Chevalier, de Lapeyre d'Auzolles, des Sainte-Marthe, des Bigot, en sont restées à la gravure toute simple des pièces de blason, sans préciser l'émail. Au contraire, celles de Petau, de Félibien, sont chargées de hachures de convention qui donnent les cou-leurs. Il ressort de là que tout ex-libris non pourvu de ces hachures est d'une date anté-rieure à 1638 ou 1639, et que ceux qui les ont portent une date postérieure. Ceci est d'une grande importance dans la recherche des incu-nables ex-libris ; c'est seulement avant 1638 qu'ils méritent ce nom.

En présence d'une marque sans indication de possesseur, sans devise, mais décorée d'un bla-son, il y a plusieurs ressources. Si la pièce est française, on a recours au dictionnaire héral-dique du graveur Paillot, un des ouvrages les plus complets dans ce genre *. Paillot a relevé

* La vraye et parfaite science des armoiries ou l'indice ar-

les noms de chaque partie d'un écu et les a
rangés alphabétiquement. Les armes à identifier
portent-elles un lion rampant, il y aura deux
termes du dictionnaire à consulter : le mot *lion*
et le mot *rampant.* Sinon à l'un, du moins très
souvent à l'autre, on découvre l'écusson anonyme, gravé dans une planche d'armoiries, et
longuement blasonné et identifié ensuite dans la
notice jointe aux dessins. Bien qu'ayant composé
son livre dans le milieu du dix-septième siècle,
Paillot peut servir jusqu'à nous, car les armoiries changent peu dans les familles, et son avantage est de ne pas s'en tenir aux illustres ren-
contrés partout, mais de préférence aux modestes, aux magistrats, aux bourgeois, français
ou étrangers.

Les *Tesseræ gentilitiæ*, du P. Petra Santa, don-
neront pareil secours aux chercheurs, surtout
pour les Italiens, qui y sont énumérés en plus
grand nombre. Toutefois, eu égard à sa qualité de
précurseur, Petra Santa est moins complet, moins
bien disposé, et ses tables ne valent pas celles
de Paillot. J'en pourrais dire autant des *Insi-*

morial de feu maistre Louvan Geliot advocat, par Pierre Pal-
liot, Parisien, Paris, 1660, in-folio,

gnium theoria seu operis heraldici... de David Zunner (1690, in-fol.), excellent à consulter pour les travaux allemands, bien que touffu et encombré.

Ces trois instruments de travail ne sont point les seuls, mais on apprendra vite à connaître les autres par la pratique : les *Armoriaux*, de Chevillard, les *Grands Officiers de la Couronne*, du Père Anselme, et autres, sauf que les recherches n'y sont pas guidées par les pièces de l'écu, et qu'ils ne se peuvent consulter à la façon d'un vocabulaire.

Si la marque à identifier est pourvue d'une devise, on consultera le *Dictionnaire des devises*, d'Alphonse Chassant, ouvrage moderne, où sont réunis alphabétiquement, d'après le premier mot de la phrase, la plus grande part des cris de guerre, devises, sentences, adoptés par les familles françaises ou étrangères. Un autre livre, encore plus complet, est dû à un Allemand, M. Dielitz, et a paru ces dernières années *. Lorsque le nom du personnage est gravé sur la planche, sans indication de date, et que ce nom

* Die Wahl und Denksprüche feldgeschreie losungen, Schlacht und Volkscrufe, 1883, in-fol.

ne se trouve pas dans les séries biographiques usuelles, on aura grand avantage à consulter aux manuscrits de la Bibliothèque nationale les pièces originales du cabinet des titres, classées par familles. Il est rare que pour les Français des seizième, dix-septième et dix-huitième siècles on ne rencontre pas des mentions d'époque, de fonctions, en un mot tout ce qu'il est utile de savoir pour le rangement méthodique d'un ex-libris à sa bonne place.

J'effleure un peu en courant cette partie technique de mon sujet; je la voudrais plus détaillée, en ce qu'elle sortirait des premiers tâtonnements les amateurs novices. Elle a cet intérêt, à tout le moins, de donner une direction plus sérieuse à la passion d'ex-libris qui nous envahit. Je n'apprendrai pas grand'chose à des hommes comme M. J. Leicester Warren; comme M. A. W. Francks, du British Museum; M. Warnecke, l'auteur du bel et sérieux ouvrage mentionné plus haut; M. Lichstenstein, ou M. Aglaüs Bouvenne, sans compter les grands amateurs; M. Ernest de Rozière entre cent autres; mais aux débutants, je crierai casse-cou, et je leur éviterai peut-être bien des écoles, quand ce ne serait que d'acheter trois fois la même chose. A l'origine de la recherche des ex-libris, on assurait : « Cela ne tiendra pas, c'est la collection à la mode, on s'est lassé des timbres-poste ! » Et voilà qu'il faut avouer la persistance de cet engouement. Déjà certaines pièces atteignent des prix excessifs. Qui pourrait dire où s'arrêtera le mouvement ? L'ex-libris est une branche commerciale pour le quart d'heure, il a ses cours, ses placiers, et comme le disait Poulet-Malassis dans sa langue familière, on finira par doter ses filles avec ces petits papiers cent fois plus précieux que les chiffons bleus de la Banque de France.

Projets d'*Ex-Libris* composés par J. Adeline.

E goût n'est point une qualité absolue en soi, il diffère de peuple à peuple; c'est ce qu'on exprime par un proverbe : « Des goûts et des couleurs il ne faut discuter. » Ce qui nous paraît banal, engoncé, peut très bien sembler agréable hors de nos frontières. Pas plus en fait d'ex-libris qu'en toute autre branche de l'art, cette très subtile et insaisissable qualité ne se peut enseigner; c'est la résultante de comparaisons, l'éducation de l'œil par mille circonstances. Aussi n'ai-je point la prétention de professer le goût à cette place, je voudrais noter simplement

9

quelles raisons peuvent guider le bibliophile
dans le choix d'une marque personnelle, en dé-
duisant nos considérations de ce qui précède.

La loi moderne au regard des arts graphiques
se tire de notre particulier état d'esprit. La
littérature nous a faits naturalistes, et les objets
anciens les plus appréciés des chercheurs sont
justement ceux qui peignent une époque dans ses
mœurs et dans ses hommes. L'estampe gravée
autrefois par un contemporain a pour l'instant
le pas sur les conceptions allégoriques cons-
truites d'imagination. Là est le secret de notre
engouement pour les miniatures de Jean Fouquet, pour les crayons du seizième siècle, les
portraits de Nanteuil ou d'Édelinck, les inté-
rieurs de Trouvain, ou les délicieuses planches
coloriées de Lawreince, de de Bucourt, de Janinet.
Rester de son temps, écrire ce qu'on voit, parler de ce qu'on a connu et pratiqué est une tendance spéciale d'aujourd'hui qui nous a jetés
sur les mémoires authentiques, sur les documents sérieux. En raisonnant du grand au
petit, l'ex-libris ancien vaut surtout par l'aspect spécial d'une époque déterminée la note
documentaire qu'il nous fournit, et le très petit

côté des aspirations humaines qu'il précise. Telle est sa physionomie caractérisée suivant les périodes, qu'on ne peut se tromper sur sa date. Il a, comme les seigneurs ou les belles dames, porté l'épée, la perruque ou les paniers; sous la Régence, il diffère essentiellement des maîtres pédants de l'hôtel de Rambouillet, et avec la reine Marie-Antoinette, il chante le *Devin du village*. Malheureusement pour nous, notre besoin de savoir et de connaître les anciens nous a fait perdre le sentiment personnel, nous nous sommes identifiés avec les modes passées; nos architectes, nos peintres, ont voulu revivre les disparus coquets de l'ancien régime, et pour le point très minime qui nous occupe, on s'est mis à copier et à recopier les vieux de toute manière. Les exceptions ont été mentionnées ci-devant, elles sont les moins nombreuses comme de juste, et serviront à nous conserver un rang sortable. Mais les héraldistes conduits par les amateurs du passé ont formé toute une école d'adaptateurs qui s'ingénient à reprendre les blasons d'autrefois, les sceaux, les marques de libraires pour le compte de leurs clients. Il y a en ceci pareil non-sens que de se faire por-

9*

traire en fraise Henri IV, ou de se com-
mander le château d'Azay-le-Rideau sur un
boulevard de Paris. Aux tempéraments différents les ustensiles d'autre forme. Notre art
moderne possède assez de ressources pour rester
lui-même en face des coquetteries disparues, et
qu'il est malséant de ressusciter.

C'est dire que, pour marquer ses livres, il est
un peu hors de saison d'emprunter à Albert
Dürer ses armoiries contournées, et aux vieux
français leurs lambrequins et leurs heaumes.
Non qu'il faille prohiber les écussons des ex-
libris; ceux qui en possèdent dûment, et s'en
veulent parer, le peuvent très bien faire sans
pécher contre le goût. Mais qu'on les accommode à la manière présente, sans l'attirail
oublié des chevaleries mortes. La plus fâcheuse
envie d'aujourd'hui, c'est précisément d'accen-
tuer les ornements gothiques des armoiries;
nous sommes si loin des tournois, pour le quart
d'heure, que les pennons, les étendards ou les
morions font une piteuse figure au milieu de nos
rotures. La discrétion s'impose, le goût est justement la réserve que les gens d'esprit et de
tact recherchent en pareille matière. Avant donc

que de confier un travail d'ex-libris à un graveur spécial, il sera prudent de lui en tracer les
limites, de rejeter comme une grosse hérésie les
supports dont la mode actuelle encombre les
armoiries, surtout les lansquenets à toques cré-
nelées dont on fait un déplorable usage. Lorsque
ces supports sont des figures humaines, ils ont
subi de curieuses transformations à travers les
âges. Au quinzième siècle, ils étaient des chevaliers; au seizième, des chevaliers d'autre allure;
au dix-septième, ils portaient parfois l'habit
civil. Logiquement, nous devrions leur mettre le
frac pour rester dans la vraisemblance. Le
mieux est de les condamner et de chercher une
décoration plus en harmonie avec nos habi-
tudes.

L'ex-libris purement héraldique n'est donc
plus de mise, il vit sur des données perdues.
Ceux-là seuls lui sauront redonner du lustre,
qui le voudront habiller à la mode nouvelle,
et n'en point faire la pièce principale d'une
marque. De vrais artistes sont là qui n'auraient
point grand'peine à lui appliquer les règles d'à
présent.

Voyez les médailleurs modernes, ils n'ont

garde de reprendre pour leur compte les décorations de Pisan au revers de leurs œuvres. Ils
combinent de petites scènes allégoriques appro-
priées à nos contemporains. Ils ne dédaignent
ni le costume civil ni le costume militaire d'à
présent, parce que l'art s'arrange aussi bien de
ceci que des lambrequins d'antan. M. Chevreul,
affublé d'une toge et flanqué de guerriers moyen
âge, n'eût été que drôle; la redingote que lui a
conservée Roty lui communique une impression
de réalité saisissante en même temps que de
grandeur. C'est toute une époque caractérisée,
qui demeurera et conservera sa physionomie. A
ce compte, nous préférerons toujours à l'ex-
libris fleuri et médiéval du comte de Leiningen,
le petit bonhomme en habit du collectionneur
Leroy de Valenciennes. L'un dit la vérité et
l'autre blague, si je puis me permettre cette
irrévérencieuse expression.

    Sans aller aussi loin que cet amateur, dont
la fantaisie luxueuse marque chaque volume de
sa bibliothèque d'un ex-libris spécial accommodé au sujet, il y a lieu de se choisir une
estampille bien à soi, bien de son temps, qui
vaille à la fois par son originalité et sa sim-

plicité. L'essentiel est de briser une bonne
fois avec les théories toutes faites, imbues de
cet archaïsme chenu et vieillot dont le romantisme avait commencé l'apothéose. Et ne dites
pas que nous ne pourrons jamais inventer mieux
que les anciens ; sur le fait de la librairie
nous valons nos pères, surtout quand nous ne
copions pas servilement leurs caractères, leurs
vignettes ou leurs marques historiées. J'aurai
occasion de préciser ailleurs cette assertion
d'aspect aventureux. Ceux de nos ouvrages qui
resteront sont ceux-là justement qui rompent
carrément en visière avec la tradition, et ont
une tournure bien à eux. Et lorsque plus tard
les collectionneurs d'ex-libris voudront caracté-
riser notre fin de siècle, ils montreront autre
chose que les blasons des baronnets anglais et les
marques confectionnées d'après le gothique.
Pour prendre rang, nous aurons mieux fait de
chercher une idée dans notre entourage immé-
diat, fût-ce de prendre la tour Eiffel comme
pièce principale, que non pas de revivre les fer-
blanteries de la Renaissance, de s'attarder aux
« histoires » de Tory ou de Guyot Marchand.

Il y a manière cependant, *est modus in rebus,*

et cette originalité, cette note d'époque, se devra
garder des exagérations maladroites, des trou-
blantes singularités dont certains amateurs
aiment à se parer. On n'est pas moderne pour
être incompréhensible, les figures de l'Apoca-
lypse décadent sont pour le moins un écueil
aussi grave que les reconstitutions moyen âge.
« Il n'est pas simple d'être simple, » disait Du-
mas ; or, la simplicité est la plus sûre note de
bon goût. L'homme élégant bannit de sa toi-
lette les couleurs étourdissantes ; le bibliophile
se doit tout aussi bien garder des excentricités
graphiques, bonnes aux affiches murales.

Sans doute il n'est point malséant de se chercher une estampille congruente à ses goûts. Un
ex-libris revêche, janséniste, conviendrait mal
au collectionneur d'œuvres galantes ; récipro-
quement, une divinité court-vêtue ferait méchante figure sur des livres pieux. C'est affaire
à l'amateur de ne pas se méprendre. Mais il au-
rait mauvaise grâce, dans l'un et l'autre cas, à
s'environner de rébus, de charades, de monogrammes ou de devises alambiquées, de charger
sa marque de mille accessoires saugrenus, sous
prétexte de se personnaliser. On trouve à cha-

que pas de ces casse-tête indéchiffrables, vraisemblablement très forts, que les plus ingénieux
sont impuissants à comprendre.

En résumé, ni résurrection de choses mortes,
ni adaptation de vieilleries, ni calembredaines
trop truculentes, mais au contraire de gentilles
simplesses, bien écrites, bien gravées, claires,
intelligibles du premier coup d'œil. La caractéristique de l'amateur spirituellement donnée, sa
profession déclinée si l'on veut, ses goûts
précisés, ses désirs expliqués. S'il a droit au
blason, qu'il le mette en bonne place sans os-
tentation et sans cri de guerre. Le livre est essentiellement œuvre de paix et s'embarrasse
peu des chevauchées ; les matamores ne visi-
tent point les bibliothèques. Le non-sens de ce
déballage militaire est trop évident pour mériter
de longues phrases, nos glaives sont de paisi-
bles couteaux à papier ni trop coupants ni trop
émoussés, ils ne menacent quiconque. Aban-
donnons à nos voisins les innocentes forfante-
ries de l'ex-libris, faisons mieux, et gardons en
ceci comme en autre chose la mesure dont ceux
du dix-huitième siècle nous ont écrit la formule
jolie.

Et maintenant, quel meilleur procédé de gravure emploiera-t-on dans la confection d'un exlibris vraiment digne de son nom? La taille en relief, à la mode des Allemands du seizième siècle? Le burin, comme au dix-septième? ou l'eauforte, l'eau-forte jadis dédaignée, pour le quart d'heure redevenue princesse, souveraine, choyée d'un chacun? A parler vrai, les meilleurs moyens sont ceux qui donnent les plus satisfaisants résultats, et si le relief passe par les mains d'artistes comme le sont, de notre temps, Pannemaker, Baude, Bellenger, nul doute que l'allure n'en plaise infiniment. La seule objection à ce mode de gravure, c'est que dans la plupart des cas l'aspect en est moins doux, moins velouté ; les tirages obtenus à la machine sont empâtés et lourds, ceux à la presse à bras ne sont pas toujours égaux. Et puis la taille sur bois a changé sa manière depuis Dürer et Holbein; elle recherche de préférence les tons au lieu des lignes d'autrefois, ce qui fait ressembler l'exlibris à une vulgaire étiquette. Sauf l'assurance d'avoir pour soi quelqu'un des artistes nommés plus haut, il serait périlleux de compter sur une chose impeccable. Quant au burin, réservé

aux travaux d'importance, hiératisé dans la re-
production des peintures, il a trop de solennité
pour l'ex-libris; il l'en faut proscrire. Reste
l'eau-forte, que l'artiste inventeur peut manier
à son gré, employer sans le secours d'autrui,
écrire à sa volonté. C'est elle que les petits-
maîtres du dix-huitième siècle avaient portée
au pinacle, et qu'on a ressuscitée de nos jours
après une éclipse longue de cinquante années.
L'eau-forte est à l'ex-libris ce qu'elle est à la
vignette, la plus joyeuse, la plus charmante in-
terprète. Qu'on la maintienne dans la ligne simple, dans le trait, ou qu'on lui fasse dire toute
la gamme des tons, du clair au foncé, elle
garde sa pareille grâce. Elle tient du dix-huitième siècle une mutinerie, une coquetterie,
du meilleur goût. C'est un sourire qu'elle
met à la première page d'un livre rare, une
gaieté de bon aloi; il la faut choisir de préférence, d'abord parce qu'elle est jolie, et surtout
parce qu'elle est artistique.

Et lorsque l'amateur possédera son ex-libris,
que l'encre en sera séchée, il ne l'ira point cam-
per sur un feuillet de garde, où il ferait la triste
figure d'une vignette égarée, mais au verso

même du plat, l'endroit choisi par les gens
d'autrefois, sa vraie place de propriétaire, sur
les tabis ou les papiers peigne, même, — et qui
qu'en grogne ? — sur le plat verso intérieur
relié, historié, maroquiné, qu'il ne devra plus
quitter jamais. Ceci pourra paraître étrange, et
les timorés continueront à le repousser au feuillet
suivant par crainte de gâter le maroquin. Qu'im-
porte, si l'on a la formelle volonté de ne pas
céder son trésor ! Le véritable amoureux du
livre, qui l'a fait habiller à son goût, le garde, et
l'ex-libris avec lui.

TABLE

Physionomie d'un Ex-libris . .

Physionomie d'un Ex-libris . .   9
Classement d'une Collection. .   81
Du choix d'un Ex-libris   93

Ex-libris spécialement dessiné par Marius PERRET,
pour un exemplaire, imprimé sur chine, du Catalogue
des ouvrages condamnés.

ACHEVÉ D'IMPRIMER
LE 12 NOVEMBRE 1890,
PAR
D. DUMOULIN ET Cie
POUR
ÉDOUARD ROUVEYRE
ÉDITEUR

Ex-libris fantaisistes, dessinés par FERDINANDUS

Bibliothèque des Connaissances utiles aux Amis des Livres

Pour paraître en Décembre 1890

DES
LIVRES MODERNES

A ACQUÉRIR

L'ART ET L'ENGOUEMENT
LA BIBLIOFOLIE CONTEMPORAINE
LES PROCÉDÉS DE DÉCORATION

PAR

HENRI BOUCHOT

Du Cabinet des Estampes

Un volume in-18 jésus, titre en deux couleurs, vignettes, lettrines et culs-de-lampe, *spécimens d'illustrations*, double couverture : l'une d'après un dessin de A. Giraldon, l'autre d'après un dessin de Marius Perret.

Impressions de luxe en caractères neufs

PAR D. DUMOULIN ET Cⁱᵉ

TIRAGE A 750 EXEMPLAIRES, TOUS NUMÉROTÉS

20 exemplaires papier du Japon. Nᵒˢ 1 à 20, souscrits.
20 exemplaires papier de Chine. Nᵒˢ 21 à 40, souscrits.
20 exemplaires papier Whatman. Nᵒˢ 41 à 60, souscrits.
40 exemplaires papier vergé. . . Nᵒˢ 61 à 100, souscrits.
650 exemplaires papier vélin teinté. Nᵒˢ 101 à 750 . . 6 fr.

23 avril 11

www.ingramcontent.com/pod-product-compliance
Lightning Source LLC
Chambersburg PA
CBHW052121090426
42741CB00009B/1905